D1620078

Klasse! Lektüre

Herausgegeben von
Klaus-Michael Bogdal und Clemens Kammler

Band 9

Monika Sahre

Stefan Zweig

Schachnovelle

Die Seitenzahlen in Klammern beziehen sich auf folgende Ausgabe:
Stefan Zweig, Schachnovelle, Frankfurt/Main: Fischer Taschenbuch Verlag, 49. Auflage 2002.

Bibliografische Information der Deutschen Bibliothek:
Die Deutsche Bibliothek verzeichnet diese Publikation in der Deutschen Nationalbibliografie; detaillierte bibliografische Daten sind im Internet über <http://dnb.ddb.de> abrufbar.

1. Auflage 2003
Druck 15 14 13 12 11 10
Die letzte Zahl bezeichnet das Jahr des Drucks.

Umschlagkonzept: Mendell & Oberer
Typografisches Gesamtkonzept: Almut Richter
Lektorat: Ruth Bornefeld, Annabella Beyer
Herstellung: Arite Wald
Satz: jürgen ullrich typosatz, Nördlingen
Druck und Bindung: Himmer AG, Augsburg

ISBN 978-3-637-80809-6

Inhalt

1 Basisinformation

Stefan Zweig

Schachnovelle

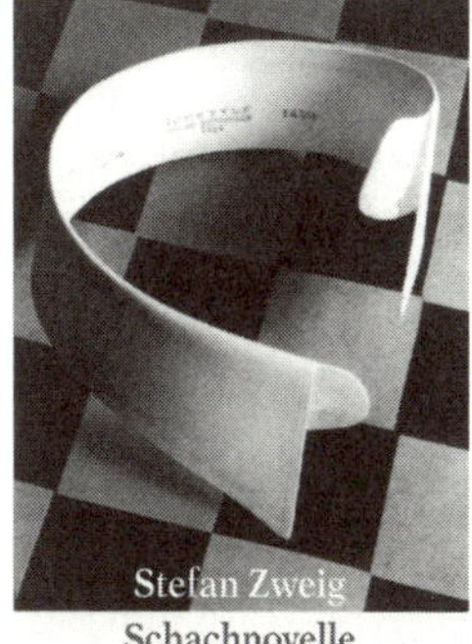

Verlag: Fischer
Erscheinungsjahr: 2002
Preis: € 5,50 (Stand 2003)
Jahrgangsstufe: 9/10
Gattung: Novelle

Thematik

- Isolation
- Reizentzug/-manipulation
- Fantasiebegabter kontra monomanischer Geist
- Facetten des Spiels
- Exilsituation

Empfehlung

- Ermöglicht die Auseinandersetzung mit Formen des psychischen Terrors.
- Weist auf die Problematik des einseitig begabten Geistes hin (Spezialistentum).
- Gibt Anlass, um sich mit Möglichkeiten und Grenzen des Kampfes gegen inhumane Strömungen auseinander zu setzen.
- Macht die verschiedenen Funktionen des Spielens für die menschliche Psyche sichtbar.
- Fördert den Erwerb von kritischer und poetischer Lesekompetenz durch eine Vielzahl handlungs- und produktionsorientierter Aufgabenstellungen.
- Eignet sich, um literaturwissenschaftliche Begriffe wie Symbol, Novelle, Erzählsituation, Erzählvorgang, Rahmenerzählung, Binnenerzählung, Sprachfunktion u. Ä. einzuführen.

Zusammenfassung

Im New Yorker Hafen liegt ein Passagierdampfer, der von dort aus um Mitternacht seine Überfahrt nach Buenos Aires aufnehmen soll. Vom Promenadendeck aus beobachten der Erzähler und ein Bekannter die vor einer solchen Fahrt übliche Geschäftigkeit im Hafen und an Bord. Als das Blitzlichtgewitter von Pressekameras das Interesse der beiden Figuren anzieht, erkennt der Bekannte als Objekt der Pressebegierde einen berühmten Schachweltmeister, Mirko Czentovic, der ebenfalls zur Überfahrt an Bord kommt. Dem Erzähler ist dieser nicht bekannt, doch was der Bekannte ihm an Anekdoten über diesen eigenwilligen Fahrgast erzählt, weckt seine Neugier und er beschließt, die Überfahrt dazu zu nutzen, um Kontakt zu Czentovic aufzunehmen. Dieser gilt in Fachkreisen als besondere Spezies, da er zwar das königliche Spiel wie kein zweiter beherrscht, auf allen anderen Gebieten jedoch eine gleich universelle Unbildung zeigt. Zunächst scheint der Versuch, „dieses sonderbare Spezimen intellektueller Eingleisigkeit [...] näher unter die Lupe zu nehmen“ zu scheitern. Czentovic meidet die Gesellschaft.

Schließlich gelingt es dem Erzähler durch einen Trick, die Aufmerksamkeit des Schachweltmeisters auf sich zu ziehen. Den endgültigen Kontakt ermöglicht ein weiterer Passagier, McConnor. Er gehört zu der Sorte „selbstbesessener Erfolgsmenschen“, die es gewohnt sind, sich im Leben „rücksichtslos durchzusetzen“. Gegen ein nicht unbeträchtliches Honorar bewegt er Czentovic zu einer Partie gegen alle schachinteressierten Herren an Bord. Czentovic siegt souverän. Aus Geldgier lässt er sich auf eine Revanche ein und nun ändert sich die Situation. In das Spiel greift, „wie ein rettender Engel“, ein unbekannter Mitreisender, Dr. B., ein. Mit seiner Hilfe endet dieses im Remis.

Nun ist es Czentovic, der an einer dritten Partie interessiert ist. Doch Dr. B. lehnt ab. Der Erzähler wird von den Herren aufgefordert Dr. B. zu einer Partie gegen Czentovic zu überreden. Ein Gespräch zwischen den beiden macht deutlich, weshalb Dr. B. mit Vorbehalt reagiert: Er hat traumatische Erinnerungen an das Schachspiel. Von der Gestapo in Isolationshaft genommen, diente ihm das blinde Spielen unendlich vieler Schachpartien zur Aktivierung seiner geistigen Kräfte, war Mittel zum Überleben und hielt seinen Widerstand aufrecht. Gleichzeitig aber führte es am Ende zu einem Nervenfieber, weil er die Paradoxie versuchte, gegen sich selbst zu spielen. Seitdem hat er sich nie wieder mit Schach beschäftigt.

Letztlich erregt das Spiel doch sein Interesse und er lässt sich auf eine Partie gegen Czentovic ein. Ihm soll sie dazu dienen, letzte Gewissheit über die Zeit der Isolationshaft zu erlangen: War sein Tun während der Haft noch Spiel oder schon Wahnsinn?

In der Partie gegen Czentovic macht er das Unmögliche wahr, er schlägt den Schachweltmeister. Obwohl er nur eine Partie spielen wollte, lässt er sich sofort auf eine Revanche ein. Nun aber zerbricht er an Czentovics psychologischer Taktik. Das Nervenfieber bricht wieder aus und nur durch das Eingreifen des Erzählers kann Schlimmeres verhindert werden. Die Partie wird abgebrochen. Dr. B. wird nie mehr ein Schachbrett anrühren.

Didaktische Relevanz

Die SCHACHNOVELLE gilt allgemein als Zweigs beste und reifste literarische Leistung. Vor allem auf der Basis folgender Überlegungen empfiehlt sich die Beschäftigung mit der SCHACHNOVELLE in der Sekundarstufe I:

Die durch die Novelle aufgeworfenen thematischen Aspekte erleichtern es den Schülern eine kognitive Verbindung mit dem Text einzugehen, denn sie sind auch heute noch aktuell. So begegnet mit Czentovic eine Figur, die monomanisch ausgebildet ist, also eine einseitige Begabung aufweist und diese auslebt. Angetrieben wird er dabei weniger vom Interesse an der Sache, als vielmehr durch den Willen zur Gewinnmaximierung. Zweig zeigt innerhalb der Novelle auf, welchen destruktiven Charakter diese geistige Haltung mit sich bringt und zu welcher Inhumanität sie führt. Auch in Bezug auf die Figur des Dr. B. zeigt sich die Destruktivität des Monomanischen, allerdings auf eine andere Art. Er verliert in der Fixierung auf eine Sache seine Persönlichkeit.

Das Problem ist im Kern ein gegenwärtiges: In der heutigen Zeit wird einseitige Ausbildung, also Aneignung von Spezialwissen, immer mehr betrieben, aber auch gefordert, eben um der Gewinnmaximierung willen. Damit regt die Novelle die Schüler zur Reflexion bestimmter Norm- und Wertvorstellungen an. Auch der thematische Aspekt des Reizentzugs hat Bedeutung für die Schüler, da er zeigt, welche Auswirkungen Reizmanipulationen auf die Psyche haben. Dies kann zur Auseinandersetzung mit dem Problem der Verschmelzung virtueller Realität mit der Wirklichkeit anregen.

Die ästhetische Struktur der Novelle bietet Raum, um die Schüler Kenntnisse und Fertigkeiten gewinnen zu lassen, die die Grundlage für das weitere Arbeiten mit Literatur, vor allem in der Oberstufe, darstellen. Zweigs Stil ist anspruchsvoll, die Formalstruktur der Novelle jedoch lässt Schüler der Altersstufe den Überblick behalten, sodass sie ohne Schwierigkeiten die Strukturelemente des Textes und ihre Funktion erarbeiten können. Daneben bietet die SCHACHNOVELLE die Möglichkeit, historische Einblicke zu gewinnen. Zweig lebte im Exil, die Handlung findet vor dem Hintergrund der Ereignisse im Dritten Reich statt. Das Humanismuskonzept, das in der Kritik an Czentovic, aber auch in der positiven Bewertung der beiden Figuren des Dr. B. und des Erzählers deutlich wird, lässt sich auf Humboldt zurückbeziehen: Als Zweck menschlicher Existenz wird die Entwicklung einer allseitigen und harmonischen Persönlichkeit angesehen, die sich aus einer umfassenden Bildung des Individuums ergibt.

Sowohl die kritische Reflexion der in der Novelle angesprochenen Themen, als auch die Textarbeit setzen auf Seiten der Schüler jedoch eine gewisse Reife und Kenntnis voraus, weshalb die Lektüre der Novelle für die Jahrgangsstufen 9/10 zu empfehlen ist.

2 Systematische Textanalyse

2.1 Zentrale Lesarten

Aufgrund der Entstehungsgeschichte der SCHACHNOVELLE ist es vor allem die biografische Lesart, die die Forschung dominiert. Daneben hat die Verzahnung der Handlung mit aktuellen, historischen Ereignissen zu politisierenden Interpretationen geführt.

Die autobiografische Prägung der SCHACHNOVELLE
Am 28.11.1881 wurde Stefan Zweig in Wien als zweiter Sohn eines böhmisch-jüdischen Textilfabrikanten geboren. Schon früh entdeckte er seine Liebe zur Literatur (1901 erschien sein erster Gedichtband). Doch nicht nur durch seine literarischen Werke fand er Lob und Anerkennung, sondern auch durch seine historischen Miniaturen und die biografischen Arbeiten. Als Sohn vermögender Eltern war und blieb er stets finanziell abgesichert. Dies ermöglichte ihm zeitlebens zu reisen und Freundschaften auf der ganzen Welt zu pflegen. Von der Politik hielt er sich vornehmlich fern und so empfand er den Einschnitt, der durch die Machtergreifung der Nationalsozialisten 1933 erfolgte, wie einen „Blitz aus heiterem Himmel" (Hannah Arendt 1992, 158). Zunächst aber blieb er unpolitisch, obwohl auch seine Bücher aus den Buchläden verschwanden. Als 1934 dann im Zuge der blutigen Auseinandersetzungen zwischen der faschistischen Regierung Österreichs und den Sozialdemokraten sein Haus in Salzburg nach Waffen durchsucht wurde, fühlte er sich in seiner persönlichen Freiheit getroffen und beschloss nach London zu emigrieren.

Im August 1936 bereiste er zum ersten Mal Brasilien. Dieser Besuch hinterließ in ihm tiefe Eindrücke und das Land wurde ihm das „Land der Zukunft" (Werktitel von Zweig). Diesem Besuch folgten weitere, die Zweigs Meinung über Brasilien als friedliches Land ohne Rassenprobleme festigten. So kam es, dass er im September 1941 mit seiner zweiten Frau Lotte in der

Nähe Rio de Janeiros, in Petrópolis, ein Sommerhaus mietete und nach Brasilien übersiedelte.

Die selbstgewählte Abgeschiedenheit empfand Zweig zunächst als Wohltat. Zu lange hatte er in Hotels gelebt und war herumgereist. Bald aber kehrte sich diese Empfindung um in ein immer bedrückender werdendes Einsamkeitsgefühl. An seine erste Frau Friderike schrieb er, er lebe „mönchisch" und das Fehlen einer guten Bibliothek führe dazu, dass seine Schöpferkraft wie ein „Licht ohne Sauerstoff" verlösche (UNRAST DER LIEBE, S. 282 und 280). Dennoch beendete er drei Werke: BRASILIEN – EIN LAND DER ZUKUNFT (Sachbuch), AMERICO (Essay) und die Autobiografie DIE WELT VON GESTERN. Gleichzeitig schuf er die SCHACHNOVELLE. Im Inneren aber wuchs die depressive Stimmung Zweigs, die ihn schließlich am 23. Februar 1942 zusammen mit seiner zweiten Frau Lotte in den Selbstmord trieb.

In höchst depressiver Stimmung schuf Zweig die SCHACHNOVELLE.

Zwei Tage vor dem Freitod brachte Zweig drei fertig getippte Manuskripte der SCHACHNOVELLE in Petrópolis zur Post. Im September 1941 schrieb er seiner ersten Frau Friderike, er habe sich für „die Abgeschiedenheit ein Schachbuch gekauft" (UNRAST DER LIEBE, 278). Ernst Feder, ein enger Freund Zweigs, bemerkt: „In die Gedanken, die diesen Wiener Anwalt [gemeint ist der Dr. B. der SCHACHNOVELLE, d. Verf.] quälten, legte Zweig vieles von dem hinein, was in den letzten Wochen zu Petrópolis durch sein Hirn ging." (Feder 1981, 115 f.) Diese Tatsachen bilden die Grundlage für einen autobiografischen Deutungsversuch, den vor allem Ingrid Schwamborn vornimmt. Sie kommt zu dem Schluss, dass Zweig in der „SCHACHNOVELLE in der Figur des Dr. B. das intimste Porträt seiner eigenen inneren und äußeren Lage preisgegeben hat" (Schwamborn 1999, 97). Stefan Zweig selbst beklagte sich wiederholt über die Einsamkeit, die er in Petrópolis erlebte. Genau wie Dr. B. im Hotel Metropole, befand Zweig sich im schönen Kurort Petrópolis in der Isolation. In dem fremden Land, dessen Sprache er nur mäßig beherrschte, fehlte ihm alles, was ihn hätte geistig anregen können: Verleger, Buchhändler, Leser. Wie bei Dr. B., so führt auch bei Zweig die Isolation dazu, dass er sich nicht mehr konzentrieren kann (vgl. 62 und BRIEFE AN FREUNDE, 357). Und wie für Dr. B. das Schachspielen, so ist für Zweig der künstlerische Schaffensakt der einzige Ausweg. Nicht umsonst arbeitet er in dem halben Jahr, das er in Petrópolis verbringt, sehr intensiv. Die Gleichsetzung des Schachspiels mit dem künstlerischen Schaffensakt nimmt Zweig selbst 1938 in einem Vortrag in den USA vor (DAS GEHEIMNIS, 244 f.). In der Einsamkeit von Petrópolis wird Zweig das künstlerische Schaffen, das ihm in Freiheit ein Spiel war, zum Zwang und führt zur „krankhaften Verwirrung des Verstandes und der Gefühle“ (Schwamborn 1984, 424). Es zeigt sich so, dass Dr. B. und Zweig nicht am produktiven Geschehen scheitern, sondern an der Einsamkeit. Dem einen fehlt der Gegner, dem anderen das Publikum, die Kritiker.

So wie Dr. B. auf keinen angemessenen Gegner trifft, als er nach zwanzig Jahren wieder Schach spielt (Czentovic spielt hinterhältig), so zwangen die Ereignisse Zweig wohl dazu, anzunehmen, er würde, auch wenn er aus dem Exil zurückkehren könnte, nie mehr auf ein angemessenes Publikum treffen. Ihm blieben daher zwei Möglichkeiten: entweder, wie Dr. B. dem Schachspiel, dem Schreiben zu entsagen oder aber ganz aus dem Leben zu scheiden. Zweig entschied sich für die zweite Alternative.

Mit der Figur des Dr. B. enthält die SCHACHNOVELLE eine intime Selbstdarstellung Stefan Zweigs. Diese lässt sich anhand eines Vergleichs von Zweigs Aussagen und Textstellen herleiten.

Die SCHACHNOVELLE als politische Anklage

In einem nicht geringen Teil der Forschungsliteratur zur SCHACHNOVELLE versucht man eine politische Interpretation der Novelle. Auch hierzu werden persönliche Aussagen Zweigs herangezogen. So erwähnt Zweig selbst in einem Brief vom 30.01.1942 die SCHACHNOVELLE im Kontext von Ausführungen zu Hitler und den Nationalsozialisten und bezeichnet sie hier als „aktuelle längere Erzählung“ (BRIEFE AN FREUNDE, 345). Hinzu kommt, dass Zweig in die Novelle aktuelle politische Bezüge einbaut: Dr. B. wird zum Opfer der Gestapo. Dass Zweig einen derartigen aktuellen Bezug zum ersten Mal in einem seiner Werke herstellt, eröffnet den Raum für eine politische Lesart der SCHACHNOVELLE. Für die Interpreten vertritt Czentovic die unmenschliche Brutalität der Gestapo. Dr. B. begegnet dem faschistischen Terror danach zweimal: Einmal während seiner Inhaftierung und dann erneut auf dem Schiff in der Gestalt des Schachweltmeisters Czentovic. In diesem sehen nicht wenige Interpreten sogar die Ausgestaltung einer Miniatur Hitlers. Wie Hitler, so stammt auch Czentovic aus der Peripherie der Doppelmonarchie. Beide sprengen alle Maßstäbe, „die bislang in der Tradition politischer Führung wie in der Kunstwelt des Schachspiels gegolten hatten“ (Brode 1999, 225). Hitler war Schulversager und auch Czentovic vermag in der Dorfschule nichts zu lernen. Wie Hitler bei Großveranstaltungen, lässt Czentovic die Mitspieler warten, wie dieser umgibt er sich am liebsten mit Landsleuten seiner eigenen Sphäre. Damit verkörpert Dr. B. sowohl beim Verhör als auch am Spieltisch den Widerstand gegen den faschistischen Terror.

Der Schluss der Novelle wird dann entweder zum Hinweis auf die „Gefährdung der abendländischen Kultur durch die faschistische Gewaltpraxis“ (Kluge 1984, 8477) oder aber, wenn man den Sieg des Dr. B. über Czentovic in den Blick nimmt, zur „utopischen Hoffnung“: „[S]o wie Czentovic überwunden werden kann, so wird eines Tages Hitler besiegt“ (Brode 1999, 227).

In den neueren Interpretationen der SCHACHNOVELLE nimmt man von dieser Deutung jedoch zusehends Abstand. Zu gering seien die historischen Anspielungen. Mit der Entlassung Dr. B.s aus der Haft tritt auch das politische Moment in den Hintergrund. Wenn Zweig Czentovic mit historischen Gestalten wie Napoleons Gegner Kutusow oder Fabius Cunctator vergleicht, dann zeigt sich, dass es ihm um die Ausgestaltung eines menschlichen Typus geht. Ein Typus allerdings, dem der Humanismus des Dr. B. unterliegt, weil er unfähig ist zu handeln und gegen dessen Persönlichkeit Widerstand zu leisten. Ein Thema, das übrigens auch von Heinrich Mann immer wieder aufgegriffen worden ist, wenn er auf die Gefahr der Trennung von Geist und Tat verweist.

Übersehen werden darf dabei jedoch nicht, dass Zweig Exilautor war. Hierdurch steht sein Werk deutlich in historischem Bezug, wenn auch nicht in dem Sinne, dass es als künstlerischer Arm antifaschistischen Widerstandes verstanden werden kann, wie beispielsweise die Exildramen Brechts. Zweig hatte immer danach gestrebt, sich von jeder ideologischen oder politischen Dogmatik fernzuhalten. Im Exil sah er seine erste Pflicht darin, den Verfolgten und in äußerlicher Unsicherheit lebenden Kollegen zu helfen. Er besorgte Bürgschaften, Papiere, Geld. Er selber litt unter der inneren Belastung der Emigration. In seinem posthum erschienenen Exilwerk DIE WELT VON GESTERN schildert er dies eindrucksvoll:

> Jede Form von Emigration verursacht an sich schon unvermeidlicherweise eine Art Gleichgewichtsstörung. [...] Etwas von der natürlichen Identität mit meinem ursprünglichen und eigentlichen Ich blieb für immer zerstört.[...] am Tage, da ich meinen Paß verlor, entdeckte ich mit achtundfünzig Jahren, daß man mit seiner Heimat mehr veliert als einen Fleck umgrenzter Erde.
> (WELT VON GESTERN, 373 f.)

Wenn Zweig in der SCHACHNOVELLE zeigt, wie Dr. B. in der Isolationshaft leidet und auch nach der Befreiung aus dem politischen Gefängnis die existenzielle Bedrohung der Haftbedingungen weiterhin mit sich trägt, so verarbeitet er hier die Situation des Emigrierten. In diesem Sinne gehört die SCHACHNOVELLE zur Exilliteratur. Sie steht damit für eine Strömung der Emigrantenliteratur. Daneben gab es Autoren, die, wie beispielsweise Brecht, sich einem politischen Programm verschrieben hatten oder, wie Heinrich Mann, politische Ereignisse analysieren wollten um auf dieser Basis die Zukunft neu zu gestalten.

2.2 Aspekte der Interpretation

Die thematische Substanz der SCHACHNOVELLE ist umfassend und je nachdem welche zentrale Lesart bevorzugt wird, lassen sich verschiedene Themen hervorheben. Unabhängig davon aber wird die Aufmerksamkeit des Lesers auf drei Aspekte gelenkt:

- Schachspiel
- Kampf gegen und Abwehr von Terror
- Fixierung auf eine Idee

Die entscheidenden Träger der thematischen Aussagen sind die Charaktere. Diese Verknüpfung lässt es sinnvoll erscheinen, die Darlegung ihrer Ausgestaltung und Beziehung eng an die thematische Analyse zu binden.

2.2.1 Thematische Aspekte

Das Schachspiel als Symbol

Ohne das Schachspiel wäre die Handlung der Novelle unvorstellbar. Seine Funktion geht aber über die des verbindenden Aufbaumittels hinaus. Es ist eben nicht nur ein nützlicher „Falke", sondern hat einen mehrfachen Symbolgehalt.

Die SCHACHNOVELLE hat eine klare Struktur: Es gibt die Rahmengeschichte der Gegenwartshandlung und zwei Binnengeschichten, die in die Vergangenheit zurückweisen. Die drei Teile sind durch das Schachspiel verbunden; zudem motiviert das Schachspiel die Handlung:

- Durch das königliche Spiel gelingt es dem Erzähler, die Aufmerksamkeit des Schachweltmeisters auf sich zu ziehen.
- Am Schachbrett treffen Czentovic und Dr. B. zusammen und damit verbinden sich die Handlungsstränge.

Auch die Lebensläufe der beiden Hauptfiguren Czentovic und Dr. B. sind eng mit dem königlichen Spiel verbunden: Czentovic verdankt ihm den Ruhm, Dr. B. auf ambivalente Art und Weise seine Lebensbedingung. Einerseits wird er nach seinem Zusammenbruch aus der Isolationshaft entlassen, ohne je nachgegeben zu haben und muss sich damit keinen Verrat vorwerfen. Andererseits verliert er seine Persönlichkeit durch den unmöglichen Versuch, gegen sich selbst Schach zu spielen, wird an den Rand des Wahnsinns getrieben und bleibt lebenslang psychisch gefährdet.

So bildet das Schachspiel das Zentrum der Geschichte. Es ist der „Falke", das „Spezifische, das diese Geschichte von tausend anderen unterscheidet" (Heyse 1999, 41) und das symbolhafte Bedeutung gewinnt.

Die zentrale Bedeutung, die das Schachspiel für die Novelle hat, zeigt sich am deutlichsten im Titel. Sie kann bewusst gemacht werden, wenn man die Schüler auffordert, über die Titelgebung nachzudenken.

Diese Bedeutung zeigt sich zunächst in der Korrespondenz zur Handlung. Im Zentrum des Handlungsgeflechts steht der Kampf des kultivierten Geistes gegen Inhumanität und Terror. Zweig verdeutlicht dies durch das konstitutive Aufbauprinzip der Kontrastierung:

- Gegenwart und Vergangenheit sind die Zeiträume der Handlung.
- Zwei Lebensgeschichten werden erzählt, die eines bäuerlich-primitiven und die eines akademisch-kultivierten Mannes aus bester österreichischer Familie.
- Czentovic verfügt über ein unerschütterliches Selbstbewusstsein, Dr. B. dagegen ist fast ängstlich bescheiden.
- Dr. B. kann *blind* spielen, Czentovic nicht.
- Der abgezirkelte Personenkreis der Novelle lässt zwei Gruppen unterscheiden, diejenigen, die mit eindeutig negativen Merkmalen ausgestattet sind, McConnor und Czentovic, und diejenigen, auf die die Sympathie des Lesers gelenkt wird, der Erzähler und Dr. B.

Auch das Schachspiel ist kontrastiv. Es ist ein Kampfspiel und zwar eines zwischen zwei kontrastierenden Parteien, zwischen Schwarz und Weiß.

Zum anderen wird in der SCHACHNOVELLE die Isolation thematisiert. Dr. B. wird in Wien von der Gestapo in Sonderhaft genommen, um aus ihm „Geld oder wichtiges Material“ (55) herauszupressen. Dort wird er zum „Sklaven des Nichts“ (73) und muss erfahren, dass „kein Ding auf Erden einen solchen Druck auf die menschliche Seele wie das Nichts“ (56) erzeugt. Die Schilderung der zwanghaften Einsamkeit nimmt innerhalb der Novelle einen breiten Raum ein und erfolgt so eindringlich, dass der Leser ganz von ihr eingenommen wird. Ingrid Schwamborn macht in ihrer Interpretation der Novelle sogar den Vorschlag die Novelle besser „Isolationsnovelle“ zu nennen (Schwamborn 1984, 425). Isolation aber ist nichts anderes als ein Gefangensein im exakt umgrenzten Raum, der nur wenig Reizauslösung ermöglicht. Einen solchen Raum bildet das Schachbrett mit seinem eintönigen Muster. Interessanterweise wird im brasilianischen Portugiesisch das Wort für Schach,

„xadrez", auch mit „kariert" übersetzt, und steht in der Umgangssprache metaphorisch für „Gefängnis".

Einen gegensätzlichen symbolischen Wert erhält das Schachspiel innerhalb der Novelle durch die Bedeutung, die es für Dr. B. erlangt. Ihm ermöglicht es nämlich die geistige Flucht aus dem begrenzten Raum des Zimmers im Hotel Metropole.

> [...] denn das Schachspiel besitzt den wunderbaren Vorzug, durch Bannen der geistigen Energien auf ein engbegrenztes Feld selbst bei anstrengendster Denkleistung das Gehirn nicht zu erschlaffen, sondern eher seine Agilität und Spannkraft zu schärfen. (74)

So wird es zum Mittel des Überlebens. Das Spiel bietet dem Gefangenen aber nicht nur die ersehnte Abwechselung, sondern es frischt auch sein Gehirn auf. Dies zeigt sich vor allem bei den Vernehmungen: „Unbewusst hatte ich mich auf dem Schachbrett in der Verteidigung gegen falsche Drohungen und verdeckte Winkelzüge vervollkommnet [...]" (75). In einer Situation, in der die Handlungsfreiheit des Einzelnen stark eingeschränkt ist, schafft das Schachspiel also einen Verteidigungsspielraum. Es verleiht die Widerstand aufrechterhaltende Kraft. Für die Annahme dieses symbolischen Wertes eignet sich das Schachspiel wie kein anderes. Innerhalb seines eng umgrenzten Raumes ist eine unbegrenzte Zahl von Kombinationen möglich.

Unbewusst, denn er war zu weit weg um das Leben in den von den Nazis errichteten Ghettos und Konzentrationslagern zu kennen, greift Zweig hier eine Situation auf, die Realität war.

> Mit aus Brotkrümeln hergestellten Figuren wurden in Gefängnissen und Lagern der Nazis die berühmten Partien von Schachmeistern nachgespielt, um sich so die eigene intellektuelle Widerstandskraft zu erhalten. (Bruns 1998, 56)

Welche zentrale Funktion dem Schachspiel innerhalb der Novelle zukommt zeigt sich auch, wenn Zweig an seinen Freund Berthold Viertel schreibt, er habe eine Novelle „mit einer eingebauten Philosophie des Schachs geschrieben" (BRIEFE AN FREUNDE, 337). Diese findet sich innerhalb der SCHACHNOVELLE auf Seite 21 f. Schach wird hier dargestellt als „einmalige Bindung aller Gegensatzpaare". Es ist leicht und schwer, alt und neu, begrenzt und unbegrenzt. Das unendliche Spektrum der Funktionen verdeutlicht sich teilweise in der Bedeutung, die das königliche Spiel für die vier zentralen Personen der Novelle hat:

- Für Czentovic ist es ein Mittel, um Geld zu verdienen.
- Für Mc Connor ist es die Bestätigung seines manischen Ehrgeizes.
- Für den Erzähler ist es ein Spiel.
- Für Dr. B. hat es neben der bereits erläuterten Bedeutungsebene noch eine weitere: Es soll Beweis für die wiedergefundene Normalität sein, ein Prüfstein sozusagen.

Zweig entwirft eine „eingebaute Philosophie des Schachs". In ihr ist das Spektrum der Funktionen, die das königliche Spiel übernehmen kann, angelegt. Um Schüler für diese unterschiedlichen Bedeutungen zu sensibilisieren, bietet es sich an, ihr eigenes Verhältnis zu Spiel und spielen anzusprechen.

Kampf des kultivierten Geistes gegen die Brutalität

Der Kampf des Geistes gegen die Brutalität zeigt sich innerhalb der Novelle in zwei Situationen und immer ist es Dr. B., der als Vertreter des kultivierten Geistes den Kampf aufnehmen muss. Er begegnet in der einjährigen Isolationshaft dem Terror der Gestapo und auf der Schiffsreise tritt ihm der brutale Ungeist in der Person des eiskalt berechnenden „Schachautomaten" (34) Czentovic entgegen. Der Schluss der Novelle lässt durch seine Offenheit Platz für unterschiedliche Deutungsansätze:

- Der kultivierte Geist ist machtlos gegen die Tyrannei.
- Der kultivierte Geist kann den brutalen Terror besiegen, so lange er selbst nicht Aggression als Mittel gegen den Terror einsetzt.

Stefan Zweigs Menschenbild und Geschichtsauffassung sind geprägt vom Humanismuskonzept der Aufklärung. „Ich glaube, wir haben die Pflicht, aus uns herauszuholen, was in uns steckt [...]" schreibt er 1941 seinem Freund Paul Zech (Zweig-Zech, Briefe, 111). Höchste Entfaltung menschlicher Kultur und Gesittung waren die Ziele, die er anstrebte. Diesem Konzept gemäß empfand er die Unterwerfung unter die Kräfte des Nationalsozialismus als Selbstentfremdung des Menschen, da sich dadurch die Nationen, Massen und Klassen untereinander verfeindeten. Geistige Bildung war ihm Zweck menschlicher Existenz.

In der SCHACHNOVELLE ist es eindeutig Dr. B., der dieses humanistische Prinzip vertritt. Er wird dargestellt als konservativer Monarchist mit akademischer Ausbildung. Damit gehört er der konservativen Opposition gegen die Nationalsozialisten an, die glaubte, mit den Mitteln des Geistes und unter Rückgriff auf die abendländische Tradition den Faschismus besiegen zu können. Der Erzähler findet ihn lesend auf dem Promenadendeck.

Dieser Dr. B. gerät in die Fänge der Gestapo und wird in Isolationshaft gesetzt. Dort begegnet er dem Terror in Form der wohl überlegten Haftbedingungen, dem „Nichts". Man versucht seine geistige Tätigkeit auszuschalten, den Verstand zu zerstören um so wichtige Fakten aus ihm herauszupressen. Dem Denkenden werden alle Ansätze zum Denken genommen, damit kann er die ureigenste menschliche Tätigkeit nicht mehr ausüben und verliert seine Individualität. Dr. B. aber gelingt es, geistige Anregung zu finden. Er stiehlt ein Schachbuch und spielt ab diesem Moment heimlich Schachpartien nach. Durch diese kulturelle Tätigkeit behält er die Integrität seiner Persönlichkeit und kann sogar bei den Verhören weiterhin Widerstand leisten.

Zum Zusammenbruch kommt es aber, als er die Paradoxie versucht, gegen sich selbst zu spielen. Gerade im Schachspiel ist der Gegenspieler unersetzlich. Er scheitert also an der Einsamkeit. Ein realer Gegner fehlt ihm und er verliert sich im rein Geistigen.

Auf dem Schiff, das ihn als Emigranten nach Buenos Aires bringen soll, gerät Dr. B. erneut in eine Situation, in der er der Brutalität der Inhumanität ausgesetzt ist. Sie ergibt sich während der Schachpartie, die er auf Drängen der schachinteressierten Herren an Bord gegen den dort anwesenden Schachweltmeister Mirko Czentovic aufnimmt. Dieser ist als „völliger Outsider der geistigen Welt" (16) ausgestattet mit einer „zähen und kalten Logik" (16). Steht Dr. B. für das abendländische Humanismuskonzept, so ist Czentovic die Kontrastfigur zu ihm. Das zeigt schon seine Biografie. Während der Humanismus davon ausgeht, dass der Mensch bildungsfähig und -bedürftig ist, so schildert der Freund des Erzählers Czentovic als jemanden, der sich aller Bildung in der Jugend entzog. Er war weder willig noch fähig selbst die elementarsten Dinge, wie lesen oder schreiben, zu erlernen. Vor diesem Hintergrund wird er zum Unmenschen. Frei von Intelligenz aber ist er nicht:

- Er meidet bewusst gebildete Menschen, gibt keine Interviews und spricht nur das Nötigste, sodass „niemand sich rühmen kann, je ein dummes Wort von ihm gehört zu haben" (20). Seine Unbildung bleibt letztlich Spekulation.
- Zielstrebig und effizient setzt er sein Talent ein. Er spielt ausschließlich gegen Honorar und lässt sich und seinen Namen vermarkten.
- Menschliche Schwächen durchschaut er und nutzt sie rücksichtslos aus, was sich vor allem im Spiel gegen Dr. B. zeigt, wenn er die Partie bewusst immer stärker verzögert, als er merkt, dass dies seinen Gegner verwirrt.

Seine Kaltblütigkeit und Inhumanität gründen darin, dass er „eben nicht ahnt, dass es außer Schach und Geld noch andere Werte auf unserer Erde gibt" (19). An Bord des Schiffes treffen die beiden Figuren aufeinander und zunächst zeigt sich Dr. B. deutlich im Vorteil. „Locker und unbefangen" (97) bewegt er sich während des Spiels und es gelingt ihm, die Partie zu gewinnen. Schon hier zeigt sich aber, dass ihn die Zermürbungstaktik des Gegners immer mehr irritiert. Wenn er beginnt, wie während der Isolationshaft, im Rauchzimmer auf und ab zu gehen, so bahnt sich die Wiederholung der Haftkrise bereits an.

Während der zweiten Partie Czentovics gegen Dr. B. wiederholt sich die Krise der Isolationshaft. Durch einen textimmanenten Vergleich der beiden Szenen kann dies den Schülern verdeutlicht werden.

Anders als verabredet stimmt Dr. B. nach seinem Sieg einer zweiten Partie zu und muss diese schließlich abbrechen. Erneut verliert er den Bezug zur Realität und seine Persönlichkeit, ausgelöst durch den berechnenden „Schachautomaten" (34) Czentovic.

Der Kampf des kultivierten Geistes gegen die Brutalität der Inhumanität ist verloren. Dem kultivierten Geist bleibt nur der Rückzug, wenn er sich nicht selbst verlieren will.

Der Schluss der Novelle könnte daher dahin gehend gedeutet werden, dass Zweig zeigen wollte, wie die humanistische Opposition durch „ihre eigenen Prinzipien, durch den Appell an die Vernunft, gefährdet [war], weil sie von Voraussetzungen ausging, deren Spielregeln bereits außer Kraft gesetzt waren" (Hobek 1998, 59).

Dem wird widersprochen, wenn man den Blick auf den ersten Teil der Isolationshaft und die erste Partie zwischen Czentovic und Dr. B. lenkt. Schließlich ist es die intellektuelle Tätigkeit, die die Widerstandskraft Dr. B.s in der Isolationshaft aufrechterhält. Auch die erste Partie der beiden Kontrastfiguren zeigt, dass der „feindliche Andere" (Langbehn 1999, 219 f.) zu besiegen ist. Damit wäre die Aussage der Novelle weniger resignativ.

Warum aber blendet Zweig dann nicht früher aus?

Wenn Dr. B. in der Isolationshaft seine Persönlichkeit verliert und damit letztlich den Bedingungen nicht standhält, so liegt das daran, dass er sich im rein Geistigen verliert. Sein geistiges Tun beinhaltet zu wenig Aktivität. Hier verbirgt sich Zweigs Kritik an den Intellektuellen seiner Zeit (sich selbst eingeschlossen). Konzentrierte Aktionen kamen damals nicht zustande. Ein Kommentar der NS-Zeitschrift Das Schwarze Korps verdeutlicht dies: „Wir finden es wunderschön, wie sich die Emigranten untereinander gleich verflohten Ködern an die Waden gehen." (vgl. Michels 1999, 173)

Wie Zweig sich den Kampf gegen die Tyrannei der Inhumanität vorstellte, macht ein Zitat aus einem Brief an Klaus Mann deutlich:

> Kämpfen können die anderen auch, das haben sie bezeugt, so muß man sie auf dem andern Gebiet schlagen, wo sie inferior sind und [...] in künstlerisch unwidersprechlicher Form die Bildnisse unserer geistigen Helden aufzeigen [...]. Ich sage nicht, daß der Künstler schweigen muß, aber er darf im Kampf nicht unter sein Niveau herabsinken. (Briefe an Freunde, 228 f.)

Aggression als Mittel gegen Aggression kam für ihn als Pazifist nicht in Frage. 1933 schrieb er an seinen Verleger Anton Kippenberg: „Drischt man auf mich Wehrlosen los, so muß ich's geschehen lassen und nur trachten, selbst im schwersten Unrecht nicht selber ungerecht zu werden." (Michels 1999, 169)

Dies wirft ein anderes Licht auf die zweite Partie zwischen Czentovic und Dr. B. In dieser nämlich verändert sich Dr. B. zusehends. Der Erzähler schildert ihn als „laut und boshaft" (103), sein Ton wird grob und heftig. Leidenschaftlicher Hass tritt zwischen die beiden Kontrahenten, auf einmal sind sie „zwei Feinde, die sich gegenseitig zu vernichten geschworen" haben (104). Ganz deutlich hat sich Dr. B. an dieser Stelle geändert: Auf das inhumane Verhalten Czentovics reagiert er aggressiv. Damit aber verliert er die Sympathie des Erzählers und folglich auch die des Lesers. Er scheitert und kann diese zweite Partie nicht gewinnen. Hierin spiegelt sich das pazifistische Weltbild Zweigs wider: Aggression als Mittel des Widerstandes wird abgelehnt. Somit wäre der Schluss der Novelle nicht resignativ, sondern hätte Appellcharakter: Der kultivierte Geist kann gegen die Brutalität der Inhumanität etwas ausrichten, wenn er im Sinne der eigenen Wertvorstellungen handelt.

Die unterschiedlichen Bewertungen, die der Schluss der Novelle erfährt, können als Anregung zur Diskussion aufgegriffen werden.

Destruktivität des Monomanischen

Die Novelle thematisiert nicht nur den Kampf gegen Terror. Auch einer möglichen *Ursache* für Terror, Inhumanität und Zerstörung wird nachgegangen. Sie zeigt sich in dem, was man unter dem Begriff der Monomanie zusammenfassen kann: die gelebte Einseitigkeit, die Fixierung auf eine Idee. Zweig verdeutlicht dies innerhalb der Novelle zweifach:

- an der Figur des Czentovic, dem in seiner einseitigen Begabung der Zugang zur eigentlichen Welt verschlossen bleibt und der sich plump und inhuman zeigt,
- an der Figur des Dr. B., der in der Fixierung auf eine Sache seine Persönlichkeit verliert.

Gerade die Darstellung des Schachweltmeisters Czentovic hat immer wieder zu Kritik geführt. Seine psychologischen Konturen decken sich nämlich nicht mit denen realer Schachweltmeister. Czentovic wird als ein Bursche mit „vermauertem Gehirn" (19) geschildert. Als Kind zeigt er keinerlei Interessen oder Begabungen. Weder in der Dorfschule noch bei seinem Ziehvater, einem Pfarrer, ist er in der Lage zu lernen. Noch mit

14 braucht er, um zu rechnen, die Finger und bleibt lebenslang ein halber Analphabet (8). Seine Kollegen spotten, dass „seine Unbildung [...] auf allen Gebieten gleich universell" sei (9). Das Einzige, was er kann, ist Schach spielen, dies allerdings „mit unwiderlegbarer Sicherheit" (12). Bereits mit 15 1/2 Jahren beherrscht Mirko Czentovic alle Geheimnisse der Schachtechnik „mit einer seltsamen Einschränkung" (15): Er ist nicht in der Lage „blind" zu spielen. Zweig erfindet also einen Schachweltmeister, der dumm, ungebildet und unzugänglich ist, „während in Wirklichkeit alle Weltmeister von 1746 angefangen bis 1972 [...] überdurchschnittlich klug gewesen sind und zudem sowohl gebildet wie zugänglich waren" (Schachgroßmeister Erich Eliskases in Schwamborn 1999, 313). Angesichts dieses Kontrastes stellt sich die Frage, weshalb Zweig den Schachweltmeister der Novelle so extrem entwirft. Überschritt er damit, wie Hobek meint, „die Grenzen der Glaubwürdigkeit" (Hobek 64)? Czentovic ist als Kontrastfigur zu Dr. B. angelegt. Durch diesen Kontrast werden die beiden Typen, die Czentovic und Dr. B. vertreten, deutlich: Czentovic ist der absolut gesetzte Intellekt, „der sich von der Verpflichtung moralischer Verantwortung losgesagt hat" (Rötzer 1980, 260). Er wird zum Exempel der Unmenschlichkeit. Die Wurzel dieser Unmenschlichkeit aber ist seine „intellektuelle Eingleisigkeit" (19), durch die er „weltabseitig" (vgl. 19) wird.

Mit Czentovic tritt der Typ des intellektuell Einseitigen auf. Ein Phänomen, das es heute mehr denn je gibt. Der Spezialist, dem es nur um seine Sache geht, ohne Verantwortung für andere/s zu tragen. Die Gefahr, die sich in dieser Einseitigkeit verbirgt, können und sollten die Schüler entdecken.

Der geistig rege Mensch, und nur dieser ist für Zweig der eigentliche Mensch, könnte eine solche Einseitigkeit nicht aushalten. Dass dies so ist, bemerkt nicht nur der Erzähler (vgl. 23/24), auch an der Figur des Dr. B. wird dies sichtbar.

Anders als Czentovic besitzt Dr. B. die Fähigkeit „blind" zu spielen. Er ist gebildet und geistig rege. Während seiner Isolationshaft findet er im Schachspiel eine geistige Anregung, die zunächst seine Widerstandskraft aufrechterhält. Dann aber versucht er die Paradoxie, gegen sich selbst zu spielen. Von diesem Moment an wird aus der Spiellust eine „Manie", eine „Besessenheit" (83). Er kann nur noch „Schach denken" (83).

Damit aber zerstört er sein humanes Gleichgewicht und durch die „dünne Schicht der Zivilisation und Vernunft" bricht „die unbewusste Welt der Instinkte und Triebe" (Sørensen 1996, 263).

Die Fixierung auf eine Idee, eine Sache, also monomanisches Denken und Handeln werden bei Zweig zu möglichen Ursachen unmenschlichen Verhaltens.

2.2.2 Figurendarstellung

Im Zentrum der Novelle stehen vier Figuren: Dr. B., Czentovic, McConnor und der Erzähler. Sie eint ihr Interesse an dem königlichen Spiel. Der Erzähler ist die zentrale Figur der Novelle, charakterlich ist er am wenigsten fassbar. Die drei anderen Figuren dagegen verfügen je über eine ganz individuelle Kontur. Die Bewertung dieser Kontur überlässt der Autor jedoch nicht dem Leser, sondern lenkt dessen Urteil durch verschiedene Techniken:

- der Verwendung bestimmter Bilder (Zur Charakterisierung Czentovics bedient er sich zum Beispiel immer wieder verschiedener Bilder des Animalischen und Mechanischen.)
- der Haltung des Erzählers (McConnor wird beispielsweise mit eindeutig negativen Merkmalen vorgestellt: „selbstbesessener Erfolgsmensch".)
- der Erzählstruktur (Dr. B. erhält die Möglichkeit, seine Leidensgeschichte selbst zu erzählen; die Biografie des Czentovic wird von außen, in der dritten Person referiert.)

Czentovic

> Und wie hätte einen solchen Physiognomiker erst der Fall eines Czentovic angereizt, wo dies spezifische Genie eingesprengt erscheint in eine absolute intellektuelle Trägheit wie ein einzelner Faden Gold in einem Zentner tauben Gesteins. (23)

Bevor Mirko Czentovic in die Handlung der Novelle eintritt, wird dem Leser die Kontur der Figur durch eine Rahmenerzählung offenbart. Ein Bekannter des Erzählers stellt diesem den „raren Vogel" durch die Wiedergabe seiner Biografie vor.

Die äußere Erscheinung Czentovics bleibt dabei außer Acht. Lediglich mit vier Merkmalen wird das Aussehen des jungen Czentovic umrissen: Er ist breitstirnig (9), hat schwere Lider (10), ist strohblond und rotbackig (12). Über das Aussehen des älteren Czentovic erfährt man weiter nichts, als dass er einen schwarzen Anzug mit einer pompösen Krawatte trägt und seine Finger „mühsam manikürt“ sind (17). Das Interesse an der Figur wird damit ausschließlich auf die sozial-psychologische Ebene gelenkt.

Mit zwölf Jahren verliert Czentovic den Vater und wird aus Mitleid vom Pfarrer des kleinen südslawischen Ortes aufgenommen. Im Alltag erweist er sich als brav, bieder und scheu, aber willig. Jeden geforderten Dienst erledigt er „verlässlich“ (9), doch ist sein ganzes Tun von einer „totalen Teilnahmslosigkeit“ (10) geprägt. Er tut nichts ohne Aufforderung. Intellektuell erweist er sich als „dumpf“ und „schwerfällig“. Es ist ihm unmöglich, selbst den elementarsten schulischen Anforderungen zu genügen. Lesen, Rechnen, Schreiben erlernt er nur mit Mühe und „häuslicher Nachhilfe“, aber selbst dann bleiben diese Fähigkeiten mangelhaft (9).

Im Alter von 15 Jahren offenbart sich zufällig seine Schachbegabung. Diese erweist sich allerdings als einmalig. Durch bloßes Zusehen hat er das Spiel erlernt und beherrscht es nach kurzer Zeit wie kein zweiter. Schon mit zwanzig Jahren ist er Schachweltmeister. Seine außergewöhnliche Begabung hat jedoch eine Schwäche: Er ist nicht in der Lage auch nur eine Partie Schach blind zu spielen. Hier zeigt sich ein Mangel an Fantasie, an „imaginativer Kraft“ (16), wie der Erzähler es nennt.

Auch nach der Entdeckung seines Talents und dem einzigartigen Erfolg ändert sich an der intellektuellen Kontur von Czentovic nichts. Er bleibt „derselbe beschränkte Bauernjunge, der im Dorf die Stube des Pfarrers gefegt“ hat (17). Damit gerät er zum Außenseiter unter seinen Kollegen, die, anders als er, alle Typen von intellektueller Überlegenheit sind. In diese Isolation gerät er jedoch nicht allein durch seine „abgründige Beschränktheit“ (20), vielmehr wählt er sie bewusst um sich keine Blöße zu geben: „[…] so kann niemand sich rühmen, je ein dummes Wort von ihm gehört oder die angeblich unbegrenzte Tiefe seiner Unbildung ausgemessen zu haben" (20). Auch in seinem Streben nach Gewinnmaximierung zeigt sich seine Bauernschläue:

- Die Qualität der Partien sind ihm unwichtig, wichtig ist, dass er für sein Spiel bezahlt wird.
- Er gibt sich als Werbeträger für eine Seifenmarke her.
- Er verkauft seinen Namen für eine „Philosophie des Schachs", die ein geschäftstüchtiger Verleger hat schreiben lassen.

Aus dem scheuen, unsicheren Jungen wird durch den fachlichen und materiellen Erfolg ein selbstverliebter Mann mit einem „plump zur Schau getragenen Stolz" (18).

Eine Annäherung an die Kontur der Figur kann geschehen, indem man die Schüler auffordert, charakteristische Textstellen zur Figur herauszusuchen und die eigene Wahl zu erläutern.

Die in der ersten Rahmenhandlung umrissenen Wesensmerkmale Czentovics werden in der Binnenhandlung bestätigt. Czentovic entzieht sich jedem Annäherungsversuch, den schachspielenden Herren begegnet er mit seiner „illustren Verachtung" (28, vgl. 30, 32, 33). Zum Schachspiel ist er nur gegen ein nicht unbeträchtliches Honorar zu bewegen, aber es ist für ihn unerheblich, dass seine Gegner drittklassig sind. Als feinfühlig erweist er sich nicht. Im Gegenteil, er will den eigenen Erfolg um jeden Preis. So spielt er gegen die anwesenden Herren, allesamt Laienspieler, ohne Rücksicht (34). Um zu gewinnen ist ihm jedes Mittel recht. Das offenbart der Kampf gegen Dr. B. Dessen Schwachstelle findet Czentovic schnell heraus und nützt diese Erkenntnis brutal aus: Er verzögert das Spiel immer stärker und lässt sich mit den Zügen Zeit, denn genau das verunsichert den ungeduldigen Dr. B. am stärksten und veranlasst ihn zu unüberlegten und schließlich unkontrollierten Handlungen. So erreicht Czentovic am Ende den Sieg für sich. Die Art und Weise aber, wie dieser Sieg zustande kommt, lässt den Schluss zu, dass auch Czentovic *verliert*. Anders als in seiner Zeit als Schach spielendes Wunderkind, gewinnt er nämlich allein aufgrund seiner taktischen Vorgehensweise (als Junge kannte er taktische Spielweisen nicht und gewann trotzdem). Sein Können findet in Dr. B. also seine Grenzen.

Die Figur des Czentovic bildet die Antithese zum Begriff des Humanen. Er ist
- ungebildet,
- unsensibel,
- geistig träge,
- egoistisch,
- nicht gesellschaftsfähig.

Dr. B.

> Keiner von uns atmete, es war zu plötzlich gekommen und wir alle noch geradezu erschrocken über das Unwahrscheinliche, daß dieser Unbekannte dem Weltmeister in einer schon halb verlorenen Partie seinen Willen aufgezwungen haben sollte. (42)

Während der Kontakt zu Czentovic innerhalb der Handlung gesucht wird, tritt Dr. B. überraschend in die Handlung ein. Dieser abrupte Eintritt, „gerade in einem so kritischen Moment", gibt ihm etwas „Übernatürliches" (38). Dem Erzähler erscheint er wie ein „Engel" (38). Anders als seinen „kaltschnäuzigen Gegner" erregt Dr. B. das Schachspiel. Er flüstert heftig „Um Gottes Willen, nicht!" (37), als er McConnor vor einem falschen Zug warnt. Seine Vorschläge trägt er aufgeregt und hastig vor, seine Erklärungen sind knapp formulierte Ausrufe (vgl. 39/41). Während Czentovic in dem Moment, in dem die Partie für ihn schwieriger wird, längere Überlegungspausen benötigt, erfolgen Dr. B.s Gegenzüge rasch und präzise. Die Tatsache, dass er sich in das Spiel helfend einschaltet und zudem die vorgeschlagenen Züge erklärt, zeigt, dass er gesellschaftlich zugänglich ist und ihn seine Mitmenschen interessieren. Auch in dieser Hinsicht ist er anders als Czentovic. Der kurze Moment des ersten Auftretens hat aber auch etwas Merkwürdiges. Dr. B. scheint während des Spiels abwesend zu sein, es ist „als ob er die Züge aus einem gedruckten Buch ablesen würde" (39). Als das Spiel im Remis endet und sich die Aufmerksamkeit der umstehenden Herren anerkennend auf ihn richtet, starrt er immer noch auf das Schachbrett.

Um den Charakter Czentovics begrifflich zu fassen, bietet sich Prousts Fragebogen an (vgl. Material 5).

Ähnlich widersprüchlich wie sein Verhalten ist sein Aussehen: Er ist ein Mann von ca. 45 Jahren mit „scharfgeschnittenem Kopf“ (46), grauen Haaren und einem blassen, „verhältnismäßig jungen Gesicht“ (46). Der Erzähler hat den Eindruck, als sei „dieser Mann plötzlich gealtert“ (46). Dr. B. erweist sich als eine gespaltene Persönlichkeit. Einerseits ist er bescheiden, höflich, feinfühlig, aufrichtig und aufgeschlossen. Zudem gebildet, mit gymnasialer und universitärer Ausbildung und entstammt einer „hochangesehenen altösterreichischen Familie“ (47). Andererseits reagiert er auf den langsamer spielenden Czentovic nervös, gereizt, ungeduldig, sogar aggressiv (vgl. 104/106). Er zeigt alle „Symptome einer anomalen Erregung“ (105), sein Blick ist irre und er verhält sich wie wahnsinnig. Am Schluss verliert er sogar den Bezug zur Realität.

Es bietet sich an, die Wiederholung der Krise innerhalb der letzten Partie gegen Czentovic von Schülern durch eine vergleichende Textanalyse sichtbar zu machen.

Die Erklärung für diese Schizophrenie liefert Dr. B. selbst innerhalb der von ihm monologisch vorgetragenen eigenen Sozialbiografie. In der Isolationshaft gelingt es ihm, ein Schachrepetitorium zu stehlen. Als ihm das Nachspielen der darin befindlichen Partien nicht mehr zur Ablenkung von den Qualen der Einsamkeit genügt, versucht er die Paradoxie, gegen sich selbst zu spielen. Dieser Versuch der Bewusstseinsspaltung löst in ihm schließlich eine „künstliche Schizophrenie“ (82) aus. Er gerät in einen „tollwütigen Zustand“ (91), der sich gegen Czentovic, als er zum ersten Mal nach dieser Zeit erneut eine Schachpartie spielt, wiederholt. Damit wird auch Dr. B. zum Verlierer. Mit der Partie wollte er testen, ob er die in der Isolationshaft verlorene Normalität wiedergewonnen hat, muss am Schluss aber erfahren, dass er lebenslang geschädigt bleiben wird. Interessanterweise zerstört ihn also das, was Czentovic nicht besitzt: die eigene Imaginationskraft, die Fähigkeit blind zu spielen.

McConnor

> ◤ […] dieser Mister McConnor gehörte zu jener Sorte selbstbesessener Erfolgsmenschen, die auch im belanglosesten Spiel eine Niederlage schon als Herabsetzung ihres Persönlichkeitsbewusstseins empfinden. ◢ (26)

Die Figur McConnor ist grob typisiert und flächig angelegt. Er gehört der „Sorte selbstbesessener Erfolgsmenschen“ an. Ein

Macher mit rascher Auffassungsgabe, ehrgeizig, selbstbewusst, temperamentvoll und willensstark. Sein Äußeres gleicht seinem Charakter: Er ist robust, breitschultrig, mit kantigen Gesichtszügen. Zurückhaltend oder gar selbstkritisch ist er nicht (vgl. 26f.). Geld ist für ihn die steuernde Kraft im Leben, und er macht keinen Hehl daraus, dass er welches besitzt. Er raucht schwere Zigarren und ist bereit, fast jeden Preis zu zahlen, nur um gegen den Schachweltmeister Czentovic spielen zu können. Mit seinem übersteigerten Selbstbewusstsein scheint er sogar zu glauben, Czentovic besiegen zu können. Sein Auftreten wird auch bestimmt durch seine deftige Sprache (vgl. 30/31), die eigentlich eine gewisse Unbildung vermuten lässt. Dies bestätigt sich biografisch gesehen allerdings nicht. Er ist erfolgreicher Tiefbauingenieur und spricht sogar französisch (31).

Die Figur des „Erfolgsmenschen" McConnor ist den Schülern gut zugänglich. Wichtig ist, dass ihnen deutlich wird, wie oberflächlich McConnor in menschlicher Hinsicht ist. Ihm wird als Einziger die Tragödie, die sich vor seinen Augen abspielt, nicht bewusst.

Was ihm aber fehlt, ist eine gewisse Feinfühligkeit, eine geistige Sensibilität. So versteht er Dr. B.s Handlungsweise am Ende der Novelle nicht und kommentiert die Niederlage mit „Damned fool!" (110). Über das Bewusstsein, dass sich vor seinen Augen beinahe eine menschliche Katastrophe zugetragen hätte, verfügt er nicht.

Allerdings ist er in der Lage, die Stärken anderer anzuerkennen. So gehorcht er den Anweisungen Dr. B.s ohne zu überlegen, als klar wird, dass es sich bei jenem um einen versierten Schachspieler handelt. Nach der zweiten Binnenhandlung tritt er fast vollständig in den Hintergrund.

McConnor vertritt als Figur die Kapitalisten, die, ausgestattet mit einer guten, intellektuellen Begabung, für die Praxis und das Geld, nicht aber für den Geist und die Menschen leben. Bildung wird bei ihm reduziert auf die rein materielle Seite, was ihn zu einem Halbgebildeten degradiert.

Der Erzähler

Die Person des Ich-Erzählers ist in zwei Figuren gespalten: in eine Figur am Schauplatz der Handlung des Textes und in einen außerhalb der dargestellten Wirklichkeit stehenden Erzähler. Daher kann er kein distanzierter Beobachter sein.

Die Charakterisierung des Erzählers erfolgt indirekt, das heißt, indem er die einzelnen Personen und die Ereignisse der Novelle kommentiert, charakterisiert er sich selbst. Die so zum Vorschein kommenden Wesensmerkmale gleichen in vielen Punkten denen Stefan Zweigs, weshalb einige Interpreten zu dem Schluss kommen, der Erzähler sei Zweig selbst.

Der Erzähler der Novelle ist ein „leiblicher“ (vgl. Stanzel 1995, 127 ff.) Ich-Erzähler, das heißt, er ist als Figur selbst in die Handlung integriert. Seine Erzählmotivation entspringt einem existenziellen Bedürfnis, nämlich seinem Interesse für abseitige Menschen, in diesem Fall dem Phänomen Czentovic (vgl. 19). Als Figur ist er es, der die Handlung auslöst, denn er stellt dem Schachweltmeister Czentovic, dem sein Interesse gilt, eine „Falle“ (25). Erst dadurch kommt es zu der zentralen Begegnung Czentovics und Dr. B.s. Auch am Schluss der Novelle hat er einen nicht unerheblichen Anteil. Als Dr. B. nämlich seine Persönlichkeit im Spiel gegen Czentovic verliert, ist es der Erzähler, der durch sein Eingreifen Dr. B. in die Realität zurückholt und ihn so vor dem völligen Zusammenbruch rettet. Obwohl er Teil der Figurenkonstellation der Novelle ist, bleibt das Äußere der Person unbekannt. Man erfährt lediglich, dass er, wie Dr. B., Österreicher ist. Seine gewählte Ausdrucksweise und die Bewertung der einzelnen Figuren und deren Handlungen weisen ihn als Alter Ego des Dr. B. aus. Er ist gebildet, interessiert an seiner Umwelt, lehnt alles Inhumane ab. Wie auch bei Dr. B. führt diese seine Einstellung zu Hilflosigkeit (vgl. 34). Anders als dieser aber verfügt er über eine gewisse Leichtigkeit und ist in der Lage, über den Dingen zu stehen (vgl. 30/31), gleichwohl er nicht emotionslos und gleichgültig ist, wie zum Beispiel Czentovic (vgl. 40).

Anhand der Figur des Erzählers wird den Schülern deutlich, wie die Mittelbarkeit des Erzählens gestaltet wird. Dies kann ergänzt werden durch Einführung weiterer Erzählerfiguren (Er-Erzähler, auktorialer Erzähler).

In seinem Interesse für das Außergewöhnliche, seiner Neigung für Psychologisches, seiner vertrauenerweckenden Art, seiner Rolle als unvoreingenommener und guter Zuhörer und auch aufgrund seines kultivierten Geistes und seiner Herkunft weist die Figur des Erzählers unver-

Biografische Verknüpfungen innerhalb der Schachnovelle können auch in Bezug auf das Verhältnis Zweig – Erzähler herausgearbeitet werden.

kennbar Züge Stefan Zweigs auf. Allerdings muss einer Gleichsetzung des Autors mit dem Erzähler skeptisch gegenübergetreten werden, da der Erzähler nichts von der „psychischen Gefährdung und Verletzlichkeit“ Zweigs hat (Hobek 1998, 68). Der Erzähler verfügt über einen stabilen Charakter. Zweigs Einarbeitung von persönlichen Empfindungen geschieht wohl eher bei der Figur des Dr. B. (wie oben bereits ausgeführt). Der Erzähler kann allenfalls als „‚Wunschvorstellung‘ des Autors“ (Hobek 1998, 68) angesehen werden.

Figurenübergreifende Analyse

Der Leser nimmt gegenüber den einzelnen Figuren eine bestimmte Haltung ein. Diese Haltung überlässt Zweig nicht dem freien Urteil des Lesers, sondern beeinflusst sie durch den Einsatz bestimmter Erzähltechniken. Sie führen dazu, dass es zwei deutlich erkennbare Figuren-Gruppierungen gibt, deren Bewertung gegensätzlich ist:

- Dr. B. und dem Erzähler gehört die Sympathie des Lesers.
- Czentovic und McConnor werden kritisch beurteilt.

Die Lenkung des Leserurteils ist ein zentraler Aspekt der Interpretation. Ein Bewusstsein für Formelemente zu wecken, mit deren Hilfe solche Lenkung erfolgt, schafft bei den Schülern ein kritisches Leserbewusstsein, das für alle Bereiche der Vermittlung von Information wichtig ist.

Die Entfaltung dieser Wertung wird auf drei Ebenen herbeigeführt:

- Ebene der Erzählhaltung

Der Erzähler tritt den Figuren der Handlung nicht neutral gegenüber. Seine deutenden und wertenden Kommentare lassen erkennen, dass er Czentovic und McConnor gegenüber negativ eingestellt ist, während er Dr. B. mit Sympathie begegnet. So weist er geradezu mit Nachdruck auf Czentovics einseitige Begabung hin und macht deutlich, dass ein solches Leben ihm unverständlich und dem menschlichen Geist unangemessen erscheint (19/20). Czentovics Verhalten gegenüber den Schach spielenden Herren kommentiert er ironisch: „Gewogen und zu leicht befunden“, „illustre Verachtung“ (28). Und obwohl Czentovics Arroganz gegenüber den Gegnern bei der Simultanpartie für sich spricht, fasst der Erzähler sie noch mit dem herabsetzenden Wort „präpotent“ zusammen (33). Auch das Äußere Czentovics erfährt eine negative Beschreibung durch den Erzähler, so belässt er es beispielsweise, als die Partie für Czentovic schwerer wird, nicht dabei, den Gesichtsausdruck neutral zu beschreiben, sondern ergänzt: „was seinem runden Gesicht ein etwas einfältiges Aussehen gab" (41). Hinzu kommt, dass sein Interesse an der Person Czentovic nicht persönlich motiviert ist, sondern rein wissenschaftlich (vgl. 19/24).

Die Abneigung des Erzählers McConnor gegenüber ist ebenso gut zu erkennen. So ergänzt er die Beschreibung des Äußeren McConnors mit der Deutung: „deren prononcierte Rötlichkeit wahrscheinlich, zumindest teilweise, reichlichem Genuß von Whisky zu verdanken war" (26). Auch führt er McConnor als Vertreter einer Sorte Mensch ein und nicht als Individuum, was eine Herabsetzung darstellt. Die Distanz zu McConnor zeigt der Erzähler auch im Verhalten, er amüsiert sich über ihn und verlacht seine Art (vgl. 30/31).

Ganz anders begegnet er Dr. B.: Er wird direkt zu Beginn als „Freund" bezeichnet (41) und der Erzähler betont mehrfach, dass es ihn freut, die Bekanntschaft mit Dr. B. gemacht zu haben (94/95). Am deutlichsten zeigt sich die Sympathie des Erzählers aber in seinem Handeln: Er ist es, der Dr. B. vor dem völligen Zusammenbruch bewahrt.

- Bildliche Ebene

Zwei unterschiedliche Bildgestaltungen sind es, die Zweig zur Charakterisierung seiner Novellenfiguren verwendet: der Bereich der Bilder des Animalischen und der der Bilder des Leblosen. Beide Bildbereiche werden eingesetzt um Defizite im Bereich des eigentlich Menschlichen aufzudecken.

So wird Czentovic als „unmenschlicher Schachautomat" bezeichnet (34). Seine Runden an Deck erledigt er „stoßhaft" (20), seine psychologische Struktur wird als „intellektuelle Eingleisigkeit" beschrieben (19). Neben solchen mechanisierenden Bildern verwendet Zweig auch Bilder der Versteinerung: Czentovics Selbstüberschätzung erklärt sich durch sein „vermauertes Gehirn" (19), in der Schachpartie sitzt er Dr. B. „unbeweglich wie ein Block" (97) gegenüber und im Spielverlauf „versteint" er immer mehr (106).

Diese Bilder dienen jedoch nicht nur dazu, die Inhumanität Czentovics einprägsam zu gestalten. Die Entfremdung vom

Menschlichen während der Isolationshaft wird durch sie genauso veranschaulicht. So vergleicht sich Dr. B. selbst mit einem „mechanischen Apparat". In dem Moment, in dem das Schachspielen seine geistanregende Wirkung verliert, beschreibt er es als automatisiert (76).

Gleiches geschieht durch die Bilder des Animalischen. Sie werden in Bezug auf alle drei Figuren angewendet. Der leere Blick des jungen Czentovic wird mit dem von weidenden Schafen verglichen (10), seine Zurückhaltung gegenüber gebildeten Menschen mit dem Rückzug einer Schnecke in ihr Schneckenhaus (20). Sein Verhalten im Spiel findet die Bezeichnung „kaltschnäuzig" und „dickfellig" (34, 36). Im höchsten Moment der Erregung blähen sich McConnor die „Nüstern" auf (35) und Dr. B.s Augen „krallen" sich in der Isolationshaft, die seine Humanität bedroht, gierig an jede Einzelheit (66). Auch die Wiederholung dieser Bedrohung in der Partie gegen Czentovic findet ihre Verdichtung in der animalischen Bildgestaltung: Dr. B. duckt sich vor dem gegnerischen Zug „wie eine Katze" (100); und als er die Haltung verliert, „faucht" er Czentovic sogar an (105).

Obwohl die Bilder auf alle Personen angewandt werden, ist ihr Einsatz durchaus differenziert. Czentovic betreffend werden sie nämlich durchgängig eingesetzt, für Dr. B. jedoch nur in den Momenten, in denen er seine Menschlichkeit zu verlieren droht. Dies zieht indirekt eine Bewertung nach sich: Der „Mangel echter Humanität" ist eine „bleibende und inhärente Eigenschaft des Schachweltmeisters", bei Dr. B. dagegen ist es nur ein „künstlich hergestellter Zustand von beschränkter Dauer" (Hobek 1998, 84).

- Erzählstruktur

Zwei Biografien ‚unterbrechen' die Handlung der SCHACHNOVELLE. Sie sind allerdings nicht gleichwertig anzusehen. Czentovics Biografie wird von außen, in der dritten Person, referiert. Er selbst äußert sich nicht dazu. In den biografischen Bericht fließen teilweise bissige Kommentare dritter ein, so zum Beispiel der Schachkollegen (9), des Pfarrers (11) oder des Freundes (18f.). Zudem wird sie sehr gedrängt vorgetragen und umfasst ca. 11 Seiten.

Dr. B. s Bericht über die Zeit in der Isolationshaft dagegen wird von ihm monologisch vorgetragen. Er erhält also das Privileg seine Geschichte von Innen zu erzählen und dem Leser seine innersten Gedanken mitzuteilen. Zudem erhält er einen weit größeren Raum für seine Erzählung, ca. 46 Seiten. Unterschwellig wird der Leser so zu der oben ausgeführten Bewertung ‚gedrängt'.

2.3 Formale und sprachliche Analyse

Nachdem in den vorangegangenen Kapiteln gefragt wurde, welche thematische Substanz die Novelle hat und wer diese wie trägt, gilt es nun darzulegen, wie die formale Gestaltung der Novelle ist. Dabei wird der Fokus der Untersuchung auf drei Aspekte gelegt:

- Aufbau der Novelle
- Sprache und Stil
- Erzählweise

2.3.1 Aufbau der Novelle

Wie viele andere Novellen ist die SCHACHNOVELLE eine Rahmenerzählung. In ihrem Aufbau weicht sie jedoch vom klassischen Modell der Rahmenerzählung ab:

- Die Rahmenhandlung nimmt quantitativ einen großen Raum ein,
- die Rahmenhandlung ist verhältnismäßig selbstständig,
- es gibt zwei Binnenhandlungen.

Das eigentliche Geschehen ist in die dramatisch aufgebaute Rahmenhandlung verlegt. Deren Verbindung mit den beiden Binnenhandlungen findet sowohl auf inhaltlicher als auch auf formaler Ebene statt.

Der Aufbau der SCHACHNOVELLE ist klar: Es gibt eine Rahmenhandlung, in die zwei Binnenhandlungen eingeschlossen sind. Allerdings liegt weder eine zyklische Rahmenerzählung vor, wie man sie beispielsweise aus Erzählungen aus ‚1001 Nacht' kennt, noch kann man von einer eingerahmten

Einen produktiven Zugang zum Aufbau der Novelle erhalten die Schüler, wenn sie versuchen, diesen in einem Schaubild darzustellen (vgl. Material 4).

Einzelerzählung sprechen, wie beispielsweise beim SCHIMMELREITER. Diese Abweichung von klassischen Rahmenerzählungen ist vor allem durch die Anlage der Rahmenhandlung bedingt. Diese ist nicht nur Kunstmittel um beispielsweise den Erzählakt zu motivieren oder die Glaubwürdigkeit der Binnenhandlungen durch eine fingierte Quelle zu unterstützen. Vielmehr spielt sich in ihr die Haupthandlung ab, sie ist die eigentliche Novelle. Technisch zeigt sich dies bereits in der quantitativen Relation von Rahmenhandlung und Binnenhandlungen.

Im Mittelpunkt der Novelle steht das Zusammentreffen von Dr. B. und Mirko Czentovic. Der Leser kann dies jedoch nicht von Beginn an als zentral ausmachen. Zunächst nämlich scheint es, als gehe es um die Figur des Czentovic, der durch seine spezifische Begabung und Lebensgeschichte das psychologische Interesse des Erzählers weckt. Die erste Binnenhandlung, die den Charakter und Aufstieg Czentovics beschreibt, dient der Vertiefung und Übertragung dieses Interesses auf den Leser. Das Interesse verflacht jedoch schnell, da sich innerhalb der Rahmenhandlung zeigt, dass der monomanische Charakter Czentovics wenig interessantes Forschungsmaterial bietet. Es bestätigt sich lediglich das, was bereits die Binnenhandlung offen gelegt hat. Eine Wendung tritt durch das unverhoffte Eingreifen des Unbekannten Dr. B. ein. Durch ihn verlagert sich das Interesse, denn er gibt offensichtlich Rätsel auf. Die an dieser Stelle eingeschobene zweite Binnenhandlung lüftet das Rätsel und schafft eine Basis, auf deren Grundlage das folgende Geschehen nachvollziehbar wird. Sie trägt damit im Vorgriff zur Erhellung des Konfliktes bei. Hier nun wird deutlich, dass die eigentliche Zielrichtung der Novelle auf Dr. B. liegt. Durch sein Auftreten und seine Einwilligung als offensichtlich begabter Schachspieler eine Partie gegen den Schachweltmeister zu wagen, ist die Konstellation erreicht, „auf die der gesamte Geschehensverlauf gezielt hat“ (Landthaler 1996, 387). Was der Leser in der zweiten Binnenhandlung, ahnt, passiert. Mit Czentovic begegnet Dr. B. zum zweiten Mal dem Terror unmenschlichen Verhaltens. Der Konflikt, der sich aufgebaut hat, endet – verzögert durch einen Sieg Dr. B.s gegen Czentovic –

schließlich in der Katastrophe, der „fiebrigen Verwirrtheit“ (109) des Dr. B.

Der Aufbau der Rahmenhandlung weist dramatische Züge auf. So ist das Eingreifen Dr. B.s in die erste Schachpartie der Herren gegen Czentovic vergleichbar mit dem erregenden Moment des Dramas oder dem ‚deus ex machina‘, sein Sieg gegen Czentovic wirkt verzögernd und gleicht damit dem retardierenden Moment. Der Zusammenbruch Dr. B.s ist die Katastrophe, auf die der Gesamtaufbau zielt. Auch die Orte der Rahmenhandlung sind dramatisch begrenzt: Das Geschehen spielt sich zwischen Rauchsalon und Promenadendeck ab.

Der Nachweis dramatischer Züge innerhalb der Novelle ist vor allem im Zusammenhang mit der in Kapitel 2.4.2 gestellten Gattungsfrage von Bedeutung.

Der Gesamtaufbau der Novelle umfasst drei Erzählungen, die in sich geschlossen sind. Trotz dieser Geschlossenheit sind die drei Teile sowohl auf inhaltlicher als auch auf formaler Ebene miteinander verwoben:

Inhaltlich

- Die im Zentrum der Binnenhandlung stehenden Figuren treffen in der Rahmenhandlung aufeinander.
- Die Binnenhandlungen sind Voraussetzung und Hintergrund der Rahmenhandlung:
  - was die Biografie Czentovics offenbart, bestätigt sich innerhalb der Rahmenhandlung,
  - die Krise, die Dr. B. in der Zeit der Isolationshaft durchlebt, wiederholt sich, stellenweise exakt, innerhalb der Rahmenhandlung. Verständlich wird sie allein durch den Vorgriff der entsprechenden Binnenhandlung.
- Die Binnenhandlungen zeigen, wie die beiden Hauptfiguren auf das Minimum ihrer menschlichen Existenz reduziert werden. Das Ergebnis dieser Reduktion wird in der Rahmenhandlung erneut aufgegriffen: Czentovic gereicht sie zum Erfolg, bei Dr. B. dagegen zerbricht die Persönlichkeit daran.

Formal

- Das Schachspiel ist auf allen Handlungsebenen zentrales Symbol (vgl. Kapitel 2.2.1).
- Es gibt eine Reihe sprachlicher Korrespondenzen. So zum Beispiel die Bilder des Animalischen und Leblosen (vgl. Kapitel 2.2.2 „bildliche Ebene“).

2.3.2 Sprache und Stil

Sprache und Stil der SCHACHNOVELLE variieren:

- Neben knappen und pointierten Darstellungen finden sich Satzverschachtelungen und Wiederholungen.
- Mal verwendet Zweig ausgefallene und gesuchte Fremdwörter, dann wiederum fehlen diese völlig.
- Die Sprache ist mal persönlich, mal ironisch-distanziert.

Der jeweiligen psychischen und physischen Disposition der handelnden Figuren aber auch dem situativen Kontext wird so Ausdruck gegeben.

Sprache und Stil Stefan Zweigs haben unterschiedliche Kritiker gefunden. Die einen rühmen seine hohe Stilkunst und sprachliche Meisterschaft (vgl. Habe und Stern), die anderen wiederum lehnen seinen hypertrophischen Stil ab (vgl. Spiels und Weinzierl). Während das Lob das Gesamtwerk Zweigs betrifft, wendet sich die Kritik vor allem den frühen Werken Zweigs zu. Die SCHACHNOVELLE wird von den meisten Kritikern ausgeklammert. Gemeinhin gilt sie stilistisch als eines der Meisterwerke Zweigs.

Dies liegt vor allem daran, dass es Zweig in der SCHACHNOVELLE gelingt, die jeweilige psychische und physische Disposition der Hauptfiguren auf sprachlicher Ebene zu spiegeln. So empfindet sich Dr. B. in der Isolationshaft als „Sklave des Nichts“ (73). In der Passage, in der er diesen Zustand näher beschreibt, ist das dominierende, immer wiederholte Wort dementsprechend das Wort „Nichts“ (vgl. 56 ff.). Das durch dieses Nichts ausgelöste Rotieren der Gedanken findet seinen Ausdruck in immer stärker hervortretenden Wiederholungen:

> ◤ Aber selbst Gedanken, so substanzlos sie scheinen, brauchen einen Stützpunkt, sonst beginnen sie zu rotieren und sinnlos um sich selbst zu kreisen; auch sie ertragen nicht das Nichts. Man wartete auf etwas, von morgens bis abends und es geschah nichts. Man wartete wieder und wieder. Es geschah nichts. Man wartete, wartete, wartete, man dachte, man dachte, man dachte, bis einem die Schläfen schmerzten. Nichts geschah. Man blieb allein. Allein. Allein. ◢ (57 f.)

Der Bedrohung der eigenen Persönlichkeit durch diesen Reizentzug gibt Zweig durch die Verwendung des unbestimmten

Pronomen „man“ Ausdruck. Momente höchster geistiger Erregung werden auch durch Wortvariationen dargestellt. Damit zeichnet der Autor die nervöse Anspannung des Gehirns, dass keinen Halt finden kann, deutlich nach: „Ich überlegte, ich durchdachte, ich durchforschte, ich überprüfte meine eigene Aussage auf jedes Wort [...]“ (60); „Unser Freund, der Anonymus, der Ignotus, hatte den stärksten Schachspieler der Erde [...] besiegt“ (102). Eine ironisch-distanzierte Atmosphäre schafft Zweig durch den gehäuften Einsatz von Fremdwörtern. Gerade im Zusammenhang mit der Figur des ungebildeten Czentovic gelingt dies: Der Erzähler und der Leser sind in der Lage, die gepflegte Bildungssprache zu verstehen, von Czentovic erwartete man das nicht. Der Erzähler verbündet sich sozusagen „augenzwinkernd“ mit dem Leser (vgl. Hobek 1998, 91). In den dramatischen Situationen der Handlung treten die Fremdwörter dagegen zurück. Die Distanz löst sich zugunsten einer subjektiven Betroffenheit auf.

Typisch für die Sprache der Novelle sind auch Satzverschachtelungen. Sie dienen zum Beispiel dazu, den Unterschied zwischen dem langsam denkenden Czentovic und dem rasch kombinierenden Dr. B. in der Schachpartie hervorzuheben:

> Czentovic, der Routinier, blieb während der ganzen Zeit unbeweglich wie ein Block, die Augen streng und starr auf das Schachbrett gesenkt; Nachdenken schien bei ihm eine geradezu physische Anstrengung, die alle seine Organe zu äußerster Konzentration nötigte. Dr. B. dagegen bewegte sich vollkommen locker und unbefangen. (97)

Kunstvolle Satzverschachtelungen finden sich aber auch dann, wenn der Erzähler reflektiert (vgl. 20, 21, 101). Hier erzeugen sie den Eindruck der Genauigkeit und Vollständigkeit, womit sie auf der Leserseite, das Gefühl des Vertrauens in den Erzähler bewirken.

2.3.3 Erzählkonzeption

Ein wichtiger Aspekt sämtlicher literarischer Darstellungen ist die Gestaltung der Erzählsituation. Dem Autor gibt sie die Möglichkeit, die von ihm intendierte Rezeption nicht nur von der Sprechseite her zu setzen, sondern auch bestimmte Vorgaben für die Aufnahme seiner Darstellung durch den Leser zu gestalten.

Der Leser wird sozusagen für das richtige Verständnis konditioniert. Bezeichnend für die Konstitution des Erzählvorgangs in der SCHACHNOVELLE sind vor allem drei Dinge:

- die Gestaltung des Erzählers als eines „leiblichen" Ich-Erzählers (vgl. Kapitel 2.2.2; hier die Unterkapitel „Erzähler" und „Figurenübergreifende Analyse")
- die Verwendung des modernen Stilmittels der erlebten Rede
- die Erzählweise

Die Gestaltung des Erzählers

Wie bereits in Kapitel 2.2.2 ausführlich erläutert, hat der Erzähler eine besondere Stellung inne. Er ist sowohl Erzähler als auch Figur der Novelle und als solche nicht unerheblich an dem Geschehen beteiligt. Daher unterliegt das Erzählte der Bewertung des Erzählers, der persönlich betroffen ist. Seine Sympathien gelten deutlich Dr. B.

Das Stilmittel der erlebten Rede

Auf Leserebene wird dieses Mitfühlen unterstützt durch die erlebte Rede. Die Gedanken Dr. B.s werden aus seiner Perspektive wiedergegeben (vgl. z.B. 47), wodurch sich die Unmittelbarkeit erhöht. In Bezug auf Czentovic erzeugt die erlebte Rede einen höheren Grad an Objektivität; durch sie wird das, was über Czentovic berichtet wird, bestätigt (vgl. 18, 19).

Die Erzählweise

Das Schicksal Dr. B.s steht im Mittelpunkt der Novelle. Ziel ist es, zu zeigen, dass die Psyche Dr. B.s durch den ihm begegnenden Terror zerstört wurde. Dass sein Geist Schaden genommen hat, zeigt sich jedoch nicht nur innerhalb des Geschehens, sondern wird auch dadurch deutlich gemacht, dass Dr. B. seinen eigenen Bericht immer wieder unterbricht. Diese Unterbrechungen scheinen ihm die Möglichkeit zu geben, in Distanz zu dem Erlebten zu treten und sich vor der Wirkung der Erinnerung zu schützen. Daneben unterbrechen Einschübe des Erzählers den Bericht. In ihnen wird die physische Verfasstheit des berichtenden Dr. B. beschrieben. Während des Berichts breitet sich eine „merkwürdige Unruhe“ über das Gesicht Dr. B.s aus (53, 78). Diese signalisiert seine auch nach Jahren weiterhin bestehende Gefährdung. Dass er das Erlebte noch nicht positiv verarbeitet hat, wird daneben noch durch ein Drittes verdeutlicht: Seinen endgültigen Zusammenbruch während der Isolationshaft gibt Dr. B. nicht mehr von Innen wieder, sondern indem er den Bericht des Arztes referiert (S. 90 ff.).

Ein wichtiges Mittel zur Lenkung des Lesers ist Zweigs Gestaltung des Erzählerstandortes. Dieser nämlich bleibt nicht immer gleich, sondern variiert. So setzt die Novelle mit Blick auf die Hafenszene ein, ein sehr panoramischer Blick. Dieser Standort verschiebt sich mit dem Auftreten des Schachweltmeisters Czentovic. Zunächst fällt der Blick auf Czentovic und die umstehenden Fotografen, dann nähert er sich, durch den Bericht des Freundes, ganz der Figur an. Bei dieser aber verharrt er nicht, sondern entfernt sich wieder, um dann später nah an die Figur Dr. B. heranzugehen.

Auch bei der Erzählung der Schachpartien zwischen Czentovic und Dr. B. verschiebt sich der Standort. Überblickt der Erzähler zunächst den gesamten Rauchsalon, so bleibt sein Blick, als sich die Spannung steigert, nur noch bei den beiden Hauptfiguren.

Dieses Variieren der Perspektive erinnert an filmisches Erzählen und führt dazu, dass der Leser die Lenkung als selbstbestimmt empfindet, da die Dynamik in der Perspektive dem eigenen Schauen ähnelt.

2.4 Kontextanalyse

Literarische Werke können in drei Kontextbezüge gestellt werden:

- in einen lebensgeschichtlichen,
- einen sozialgeschichtlichen und
- einen literarischen.

Solche Rückgriffe haben die Funktion, das Verständnis der Lektüre zu erleichtern. Darüber hinaus dienen sie dazu, den Text in größere Zusammenhänge einzuordnen. Verständnisschwierigkeiten wird es bei der Lektüre der SCHACHNOVELLE nicht geben. Daher sollen im Folgenden über das Werk hinaus gehende Aspekte angesprochen werden, die die Bezugsfelder ausleuchten, innerhalb derer das Werk einzuordnen ist. Auf eine ausführliche Darstellung des lebensgeschichtlichen Kontextes wird verzichtet, da er sich aus Kapitel 2.1 erschließt.

2.4.1 Politisch-historischer Kontext

Die SCHACHNOVELLE beinhaltet keine Darstellung der Epoche, wie es beispielsweise DER UNTERTAN Heinrich Manns tut. Dies ist auch nicht das erklärte Ziel einer Novelle. Dennoch gibt es im Handlungsgeschehen Verweise auf den historischen Hintergrund und schließlich bezieht die Textaussage den Nationalsozialismus mit ein (vgl. Kapitel 2.1 und 2.2.1). Zu fragen ist also nach den historischen Verhältnissen, auf die innerhalb der SCHACHNOVELLE angespielt wird, und wo das Werk in der Auseinandersetzung mit dieser Zeit einzuordnen ist.

Dr. B. stammt aus einer alteingesessenen österreichischen Familie, die der traditionellen Monarchie verpflichtet war. In seinem Bericht erzählt er, wie er mit seinem Vater in der gemeinsamen Kanzlei versuchte, den mobilen Besitz der Klöster und kaiserlichen Familie vor dem Zugriff der Nationalsozialisten zu retten. Diese übernahmen am Abend des 11.03.1938 in Österreich die Macht. Schon am 12.03.1938 marschierten deutsche Truppen in Österreich ein. Dabei trafen sie auf keinen Widerstand. Der Grund hierfür lag darin, dass sich bereits in den Jahren vor der Machtergreifung in Österreich Strömungen durchsetzten, die dem Kurs der deutschen Nationalsozialisten entgegenkamen.

So wurde erstmals 1930 mit dem Kroneuburger Programm der so genannte Austrofaschismus formuliert. Er ersetzte, geprägt vom italienischen Faschismus und untermauert vom politischen Katholizismus und den Theorien von O. Spann, die demokratische Verfassung und den Parlamentarismus. Getragen wurde sein autoritäres System von Kreisen der Heimwehrbewegung und jüngeren christlich-sozialen Politikern. Erklärte Gegner waren die Sozialdemokraten. Parallel dazu hatte sich der Antisemitismus in Wien, vor allem an den Universitäten und unter Akademikern, beträchtlich verstärkt. Beide Tendenzen wurden von den Nationalsozialisten propagandistisch genutzt. Der Anschluss an Deutschland konnte so schnell vollzogen werden.

Bereits im März begann die Integration der österreichischen in die deutsche Wirtschaft. Anfang April 1938 erfolgten erste Deportationen von österreichischen Führungskräften und Patrioten in das KZ Dachau. Im Mai wurde die historische Struktur Österreichs verändert. Im Oktober kam es zum Sturm auf das Erzbischöfliche Palais in Wien. In der Folge wurden zahlreiche Klöster aufgehoben. Im Novemberpogrom erlebten Maßnahmen zur Verfolgung und Vertreibung der Juden einen ersten Höhepunkt. Danach folgte die weitgehende Konzentration der verbliebenen jüdischen Bevölkerung in Wien und die systematische Deportation in Konzentrationslager. Eine breitere Formierung des Widerstandes begann erst im Sommer und Herbst 1938. Die größten organisierten Gruppen gehörten der Arbeiterbewegung und dem katholisch-bürgerlichen Lager an.

Informationen und Material zur österreichischen Geschichte der Zwischenkriegszeit findet sich im Internet auf den Seiten www.aeiou.at (österreichisches Kulturinformationssystem) sowie bei Erich Zöllner oder Karl Vocelka (s. Lit.verzeichnis).

Als Folge des Anschlusses an Hitler-Deutschland emigrierten zahlreiche Österreicher, darunter rund ein Drittel der jüdischen Bevölkerung. Die österreichischen Emigranten waren fast über die ganze Erde verstreut. Schwerpunkte waren die Schweiz, Frankreich, Großbritannien, die USA und Südamerika. Aufgrund unterschiedlicher politischer und nationaler Anschauungen gelang keine gemeinsame politische Organisation. Unter den Emigranten befanden sich fast alle bedeutenden österreichischen Schriftsteller, Künstler und Wissenschaftler.

Auch Zweig gehörte den Emigranten an, obwohl er ein „unpolitischer Kopf" war (Weinzierl 1992, 194). Er wich mehr aus Gekränktheit darüber, dass aus dem Schriftsteller Zweig auf einmal der Jude Zweig geworden war, und nicht, weil er den Nazis politisch gefährlich geworden war. Auch nach der

Emigration behielt er seine „vornehme Zurückhaltung, welche die Gesellschaft so lange zum Standard wirklicher Bildung erhoben hatte“ (Arendt 1992, 159). Ihm ging es Zeit seines Lebens um die Ideale des Humanismus und um den Frieden. Er lehnte es auch in Zeiten, in denen Widerstand notwendig gewesen wäre, ab, sich gegen etwas zu wenden (vgl. BRIEFE AN FREUNDE, 228 f.) Erst im letzten Lebensjahr scheint ihm bewusst geworden zu sein, dass diese Untätigkeit ein Fehler war. Verbunden mit einer möglichen Einsicht in die Unveränderbarkeit seines Charakters könnte hierin ein Grund für seinen Selbstmord zu sehen sein.

Der unpolitischen Haltung ihres Autors gemäß, zielt die SCHACHNOVELLE nicht auf eine Abrechnung mit dem Nationalsozialismus, der Gestapo oder dem Antisemitismus ab. Zu vage sind die Anspielungen auf den historischen Hintergrund, zu oberflächlich und gedrängt zusammengefasst die Umstände, die zur Inhaftierung Dr. B.s führen. Auch die Motive für die Überfahrt der Passagiere bleiben ungenannt. Zudem handelt es sich bei Dr. B. nicht um einen Juden (vgl. 49). Sein Widerstand ist auch kein aktiver, sondern er hilft lediglich, Güter zu transferieren und Besitz vor dem Zugriff der Nationalsozialisten zu bewahren.

Dennoch regt die SCHACHNOVELLE zur Auseinandersetzung mit dem Faschismus an. Sie tut dies jedoch nicht direkt, sondern indirekt:

- In ihr werden Gründe aufgedeckt, die zu unmenschlichem Verhalten führen.
- Sie zeigt auf, wodurch der humane Geist der Brutalität des Inhumanen unterliegen muss (vgl. Kapitel 2.2).
- Sie kann als Spiegelung der Situation der Emigranten gelesen werden.

Damit ist sie ein allgemeines Dokument menschlicher Bedrohung.

2.4.2 Gattungsbestimmung

Bereits der Titel des Werkes weist auf die Gattung hin, der es zuzuordnen ist. Dennoch sollen im Folgenden kurz Bestimmungsmerkmale der Gattung Novelle genannt werden, um im

Anschluss daran die Frage zu klären, in welcher Weise Zweig mit der literarischen Tradition umgeht.

Gemeinhin spricht man in der Forschung von der Novellentheorie und erweckt so den Eindruck, als ob es einen Idealtypus gebe.

Obwohl das Wort Novelle als romanisches Lehnwort schon im 16. Jahrhundert in Deutschland auftritt, beginnt die eigentliche Geschichte der deutschen Novellendichtung und -theorie erst gegen Ende des 18. Jahrhunderts. Christoph Martin Wieland ist es, der 1772 in einer Anmerkung zur zweiten Auflage seines Romans DIE ABENTEUER DES DON SYLVIO VON ROSALVA als erster bedeutender deutschsprachiger Dichter den Versuch unternimmt, die neue, modische, Gattung zu beschreiben. Blickt man auf die unterschiedlichen Novellendefinitionen, die die Novellentheorie seitdem hervorgebracht hat, zeigt sich jedoch, dass es kein Einverständnis darüber gibt, wie der Idealtypus der Novelle auszusehen habe (vgl. hierzu Krämer 1999, 6).

Wie alle lebendigen Formen unterliegt auch die Novelle Entwicklungen und Veränderungen. Dies sehr wohl im Blick behaltend, kann man die Novelle als Phänomen beschreiben, denn sonst wäre sie als Kategorie gänzlich unbrauchbar.

Es lassen sich also Bestimmungsmerkmale aufzählen, die auf die Mehrzahl der deutschen Novellen zutreffen (vgl. Gelfert 2000, 32 ff.):

1. Die Novelle fingiert einen Bezug zur tatsächlichen Realität.
2. Die Novelle betont wie das Drama das Geschehen und nicht den Zustand.
3. Die Novelle zeigt eine extreme Abweichung von der alltäglichen Wahrscheinlichkeit, doch muss das Ereignis unter den Bedingungen der Wirklichkeit als grundsätzlich möglich gedacht werden können.
4. Die Novelle reduziert ihre fingierte Realität unter Weglassung des Alltäglichen auf das Bedeutende.
5. In der Novelle liegt das Wahrheitszentrum außerhalb der Fiktion.
6. Die Novelle muss über ein konkretes, bildhaftes Zentrum verfügen, das die ganze dramatische Bewegungsenergie wie in einem Brennpunkt in sich versammelt: der „Falke“.

Zu 1. Auch wenn die Verweise auf die aktuellen historischen Vorgänge innerhalb der SCHACHNOVELLE oberflächlich sind, so sind sie doch gegeben. Drei Wochen vor seinem Tod schrieb Zweig dem Freund Berthold Viertel: „Dann habe ich eine aktuelle längere Erzählung geschrieben" (BRIEFE AN FREUNDE, 345). Er hat also auch selbst einen Wirklichkeitsanspruch an sein Werk gestellt.

Zu 2. Anders als in einem Roman, stehen im Mittelpunkt der SCHACHNOVELLE fertige Charaktere. Sowohl Czentovic als auch Dr. B. bestätigen in der Rahmenhandlung lediglich das, was die Binnenhandlungen in Bezug auf ihren Charakter aufzeigen. Sie obliegen keiner Entwicklung. Das trifft auch auf die sie umgebenden anderen Figuren zu. Ähnlich wie beim Drama steht in ihrem Mittelpunkt ein Konflikt, durch den die Charaktere gezwungen sind, sich in ihrer allereigensten Natur zu offenbaren. Bei der Entfaltung des Konflikts wird auf breite schmückende Ausführungen und räumliche Gestaltung verzichtet. Die Handlung spielt auf dem Promenadendeck und im Rauchsalon, beide Orte werden nicht weiter beschrieben. Dramatische Elemente finden sich auch im Aufbau der Handlung: Exposition, erregendes Moment, retardierendes Moment, Katastrophe (vgl. Kapitel 2.3.1).

Zu 3. Gerade die Ausgestaltung Czentovics als Schachweltmeister wurde in Schachfachkreisen kritisiert. Zu unwahrscheinlich erscheint es, dass jemand, der an der Spitze der Schachwelt steht, über einen solchen phlegmatischen Charakter verfügt. Vor allem aber seine Unfähigkeit blind spielen zu können ist undenkbar.

Grundsätzlich möglich aber bleibt es, sodass Zweig für die Ausgestaltung dieses Charakters durchaus „Glauben fordern kann" (vgl. Schlegel 1999, 21).

Schüler der Jahrgangsstufe 9/10 kennen, wenn evtl. noch keine Novellen, dann doch Erzählungen oder Romane. Die Besonderheit von Novellen lässt sich gut in Abgrenzung zu anderen epischen Formen herausarbeiten.

Zu 4. In der SCHACHNOVELLE findet sich keine breite Fülle der Darstellung. Das Erzählte wird nicht mit alltäglichen Details angereichert. Dies zeigt sich bereits am Anfang der Novelle: Der Passagierdampfer wird nicht näher beschrieben, man erfährt nichts über das Wetter, die Jahreszeit, ob der Mond scheint usw.

Zu 5. Dass die SCHACHNOVELLE ihre fiktionale Welt zum Allgemeingültigen hin öffnet, zeigt sich in der Interpretation. Nicht allein der spezifische Charakter eines Czentovic und eines Dr. B. treffen aufeinander. Vielmehr sind beide Figuren Stellvertreter unterschiedlicher humaner Ausgestaltungen. Czentovic vertritt die Brutalität des Inhumanen, Dr. B. dagegen ist der Vertreter des kultivierten Geistes, der jedoch dem Ungeist seines Gegners unterliegt (vgl. Kapitel 2.2.1).

Zu 6. Paul Heyse gilt als Begründer der „Falkentheorie". In seiner EINLEITUNG ZUM DEUTSCHEN NOVELLENSCHATZ stellt er zwei Forderungen an die Novelle: Sie müsse eine deutliche Silhouette haben und diese müsse sich in einem Punkt verdichten (vgl. Heyse 1999, 40 ff.). Dieser eine Punkt ist der so genannte „Falke". Er ist vergleichbar mit einem Leitmotiv, das an wesentlichen Stellen immer wieder erscheint. In ihm spiegelt sich der Konflikt der Novelle wider. Ein solcher Falke ist in der SCHACHNOVELLE das Schachspiel. Es steht für das Kampfspiel zweier kontrastierender Parteien, schwarz und weiß, und eben diese kontrastiven Charaktere bilden auch das Zentrum der Handlung und den Konflikt (vgl. Kapitel 2.2.1).

2.4.3 Rezeption der SCHACHNOVELLE

> Da lag als Geschenk des Insel-Verlages zu meinem fünfzigsten Geburtstag gedruckt, eine Bibliographie meiner in allen Sprachen erschienenen Bücher und war in sich selbst schon ein Buch, keine Sprache fehlte, nicht Bulgarisch und Finnisch, nicht Portugiesisch und Maratti. (DIE WELT VON GESTERN, 405)

In diesem Zweig-Zitat spiegelt sich wider, welche immense Verbreitung sein Gesamtwerk bereits zu Lebzeiten hatte. Heute gilt er als der meist übersetzte deutschsprachige Schriftsteller überhaupt. Seine Werke haben allein in deutscher Sprache heute pro Jahr schätzungsweise eine Auflagenstärke von 500.000 Exemplaren (Schwamborn 1999, S. 351).

Die SCHACHNOVELLE selbst plante Zweig nicht für ein breites Publikum. In einem Brief an seinen Verleger Ben Huebsch, den er vermutlich Anfang September 1941 schrieb (vgl. Berlin 1982, 267), erwähnt er die SCHACHNOVELLE das erste Mal und merkt an:

> ◤ What I would like to do ist to publish this little story in a limited "edition de luxe" because it is not suitable so much for the large public as for a smaller circle. ◢ (zitiert nach Berlin 1982, 268)

Trotz seiner Befürchtungen, die Novelle sei zu abstrakt für das große Publikum, wurde die SCHACHNOVELLE zu einem seiner bedeutendsten Werke. Allein die Taschenbuchausgabe im Fischer Verlag überschritt 1992, im Jahr des 50. Todestages Stefan Zweigs, eine Million verkaufte Exemplare. Übersetzt wurde sie in mehr als 25 Sprachen, illustriert von bedeutenden Künstlern, 1995 erschien eine Sonderausgabe im S. Fischer Verlag mit Papierschnitten von Alfons Holtgreve. Daneben wurde die SCHACHNOVELLE auch für das Theater inszeniert, so zum Beispiel 1997 in der Bearbeitung von Yves Kerboul für das Théâtre Lucernaire.

Einem besonders breiten Publikum wurde die SCHACHNOVELLE nicht zuletzt 1960 durch die Verfilmung von Gerd Oswald bekannt. Die Besetzung war erstklassig: der junge Mario Adorf als Czentovic, Curd Jürgens als Dr. von Basil (der Dr. B. der Novelle) sowie Claire Bloom und Hansjörg Felmy als Wiener Gestapochef Hans Berger. Die Verfilmung kann als unterhaltendes Lehrstück betrachtet werden: die Überheblichkeit des Prominenten, die Standhaftigkeit des Vermögensverwalters Dr. von Basil, die Sensationsgier der Leute und ein Happyend mit einer Prima Ballerina, die von dem Charakter des Dr. von Basil so überwältigt ist, dass sie ihren Geliebten, den Wiener Gestapochef Hans Berger, verlässt und mit Dr. von Basil ins Exil geht. Diese Frau gibt es in der SCHACHNOVELLE nicht und auch im Übrigen weicht der Film stark von der literarischen Vorlage ab. Dies macht ihn zu einem aufschlussreichen Untersuchungsgegenstand für das Thema Literaturverfilmung.

Das Medium Film ist mit der Literatur nah verwandt: Aus der Totalität des Geschehens zeigt der Film einen Ausschnitt, er unterliegt, wie die Literatur, dem Zwang des Nacheinander, auch des Gleichzeitigen; es gibt die Möglichkeit der Rückblende und einen großen Reiz macht die szenische Gestaltung aus. Eine Analyse der SCHACHNOVELLE Zweigs macht deutlich, dass die Novelle arm an äußeren Vorgängen ist. Sie wird getragen von der hohen Sprachkunst Zweigs. Diese zeigt sich beispielsweise in der Beschreibung Czentovics als völligem „Outsider der geistigen Welt" (16) oder als jemanden, der „nicht mit der leisesten Ahnung belastet ist, daß ein Rembrandt, ein Beethoven [...] je gelebt haben [...] und der eben nicht ahnt, daß es außer Schach und Geld noch andere Werte auf unserer Erde gibt" (19). Zweigs sprachliche Finesse kommt aber auch zum Vorschein in der Darstellung der Qual der Selbstreflexion oder in den überlegenen Aussagen zu dem als königliches Spiel gepriesenen Schach, dem jegliche Glückskomponente fehlt, womit es als ernsthafter Kampf entlarvt wird und somit als ‚Nicht-Spiel'.

Solche Feinheiten lassen sich bildlich kaum darstellen. So ist die Oswald-Verfilmung auch die Einzige, die es bisher gab. Andere Werke Zweigs wurden dagegen häufiger verfilmt. Amok und Vierundzwanzig Stunden aus dem Leben einer Frau beispielsweise dreimal, Angst, Brennendes Geheimnis oder Ungeduld des Herzens je zweimal (vgl. Schwamborn 1999, 380). Dass die Schachnovelle in ihrer Anlage nahezu unverfilmbar ist, spiegelt sich auch in den Abweichungen, die sich aus einer vergleichenden Analyse von Werk und Film ergeben. Um den Film dynamisch zu gestalten und Spannung zu erzeugen nahm das Drehbuch Veränderungen vor. Die gravierendsten sind:

- Dr. von Basil befindet sich nicht direkt auf dem Schiff, sondern er versucht, es im letzten Moment noch zu erreichen.
- Es wird eine Liebesgeschichte eingebaut, in der der Gestapochef zum direkten Konkurrenten Dr. von Basils um die Geliebte wird.
- Dem Häftling wird das Buch samt kariertem Bettzeug und Brotfiguren weggenommen, anstatt dass er diese Hilfsmittel nicht mehr benötigt.
- Beim Spiel auf dem Schiff behauptet der unbekannte Erzähler, die Schachfiguren seien die ersten, die er in Händen habe.
- Der Film klärt nicht darüber auf, wie der Häftling durch einen Tobsuchtsanfall aus der Isolationshaft freigekommen ist.
- Der Schluss vermittelt den Ausblick auf ein neues Leben des Helden mit der ihm nachgereisten Frau und Geliebten. Zum Selbstentzug der Droge Schach muss er sich nicht aufraffen und auch die tiefe, lebenslängliche Persönlichkeitsstörung bleibt außer Acht.

Dies aber hat zur Folge, dass Werk- und Filmaussage einander nicht entsprechen. Im Film beendet Dr. von Basil als Held den Konflikt: Er hat keinen Verrat an seinen Klienten begangen, findet die Frau fürs Leben und scheint auf eine positive Zukunft blicken zu können. Zentrale Themen der Novelle, wie beispielsweise die Gefahr monomanischer Begabung (Czentovics Vergangenheit bleibt unerwähnt und seine Dummheit wird effektvoll zu Arroganz gesteigert) oder der Ausschluss von Aggression als Mittel gegen Aggression, werden weggelassen. Zweigs Novelle zeigt deutlich auf, welch großer Unterschied, bei aller Ähnlichkeit, letztlich zwischen Film und Literatur besteht. Sicherlich auch, weil beide Medien zweierlei Publikum mit unterschiedlicher Sensibilität ansprechen.

3 Unterrichtsvorschläge

3.1 Didaktisch/methodische Begründung

Die Unterrichtsreihe verfolgt zwei Ziele:
- Die thematische Beschäftigung mit den in der systematischen Textanalyse angesprochenen Aspekten.
- Die Schulung textimmanenten Arbeitens und Einführung literarischer Begriffe und Vorgehensweisen.

Es wurde versucht, beide Aspekte in ein ausgewogenes Verhältnis zu stellen. Der Aufbau der Reihe wurde so gestaltet, dass sich die Stunden gegenseitig motivieren und sich teilweise aufeinander beziehen. Dabei folgen die Themen der Stunden nicht der Chronologie der Novelle. Das bedeutet, dass die Schüler vor Beginn der Reihe die Novelle gelesen haben müssen. Der Einstieg in die Reihe strebt eine erste Annäherung an die Problemlage der SCHACHNOVELLE an. Von hier aus soll der Blick auf die Isolationshaft gelenkt werden. Sie ist, neben der letzten Schachpartie, das, was die Schüler am deutlichsten anspricht. Da es das Schachbuch ist, das Dr. B. rettet, schließt sich dieser Einheit die Untersuchung der Funktion von Spiel im Allgemeinen und des Schachspiels im Kontext der Novelle an. Um die Bedeutung des königlichen Spiels innerhalb der Novelle zu erfassen, erarbeiten sich die Schüler dann den literarischen Begriff des Symbols. Von hier aus ergibt sich die Möglichkeit, auf den Aufbau der Novelle einzugehen, denn schließlich ist das königliche Spiel ein Verbindungsmoment der SCHACHNOVELLE. Ein weiteres Verbindungsmoment ist der Kampf Dr. B.s gegen den Terror. Seiner Thematisierung soll daher in der Folgestunde Raum gegeben werden. Dem schließt sich die Beschäftigung mit der Person Mirko Czentovic an, da er Dr. B. kontrastiv entgegengesetzt und sozusagen ‚Platzhalter des Inhumanen' ist. Sodann soll gefragt werden, mit welchen erzähltechnischen Mitteln Zweig diesen Kontrast aufbaut und seine Figuren darstellt. Abschließend soll der politisch-historische Hintergrund des Textes betrachtet werden.

Die Stunden 11, 12, 13 des Additums können isoliert behandelt werden. In ihnen werden Aspekte aufgriffen, die innerhalb der Kernreihe nicht angesprochen wurden. Es sind dies die autobiografische Prägung der SCHACHNOVELLE, das Thema der Destruktivität des Monomanischen sowie die Verfilmung des Textes. Diese Themen vertiefen die Kernreihe nicht, sondern erweitern sie thematisch. Allerdings bauen sie auf dem durch die Kernreihe erworbenen Wissen auf. Die Stunde 13 ist eine Vertiefung der Kernreihe bezüglich der Aussageabsicht Zweigs. Daher sollte sie zwischen der 8. und der 9. Stunde in die Kernreihe integriert werden.

Auf eine Ausgestaltung einer Stunde zum Thema Novellentheorie wurde aus zwei Gründen verzichtet: Zum einen ist die Novellendefinition anspruchsvoll, erfahrungsgemäß haben zum Beispiel selbst Oberstufenschüler Schwierigkeiten mit Begriffen wie „Falke“ oder „unerhörte Begebenheit“. Auch bedarf es eines sicher verfügbaren Vorwissens bezüglich anderer Gattungen, vor allem des Dramas. Zum anderen erscheint es methodisch sinnvoller, die Erschließung des Novellenbegriffs nicht isoliert, sondern im Zusammenhang mit weiteren Lektüreerfahrungen innerhalb der Gattung zu behandeln (sie kann aber auch kontrastiv zu einem Roman erfolgen).

3.2 Anforderungen an die Klasse

Inhaltlich fordert die SCHACHNOVELLE von den Schülern (gemeint sind immer auch Schülerinnen, der Einfachheit halber wird im Folgenden nur die maskuline Form aufgeführt) einen hohen Grad an Einfühlungsvermögen. Nur dann werden beispielsweise das Persönlichkeitszerstörende der Isolationshaft verständlich oder die Gefährdung Dr. B.s in der letzten Schachpartie deutlich. Zudem sollte im Klassenverband Interesse für psychologische, soziologische und philosophische Fragestellungen bestehen, da der Text auf seinen unterschiedlichen Sinnebenen solche aufwirft bzw. streift.

Bei der methodischen Umsetzung wurde von folgenden Voraussetzungen der Lerngruppe ausgegangen:

1. Die Schüler sind an Methodenwechsel gewöhnt und können auf diese zügig reagieren.
2. Die Schüler können Gruppenarbeit selbst organisieren und Ergebnisse präsentieren.
3. Die Schüler sind in der Lage, frei und lösungsorientiert zu diskutieren.
4. Die Schüler sind an produktionsorientierte Aufgaben gewöhnt.

In Bezug auf die Klassenarbeits- bzw. Schulaufgabenthemen wurde von folgenden Voraussetzungen ausgegangen:

1. Es ist möglich, den Schülern eine Doppelstunde zur Verfügung zustellen.
2. Die Schüler haben bereits Klassenarbeiten über einen so langen Zeitraum geschrieben.

Die Fragestellungen können auch als Übungsaufgaben eingesetzt werden.

3.3 Mögliche Leseblockaden

Die Handlungsstruktur der SCHACHNOVELLE ist übersichtlich und stellt keine zu hohen Anforderungen an die Schüler der 9./10. Jhrgst. Auch erschließt sich der Inhalt der Novelle den Schülern dieser Altersklasse.

Schwierigkeiten können dann auftreten, wenn bei der Interpretation der Lektüre abstraktere Problemebenen in den Blick genommen werden. Dies gilt zum Beispiel für die Aspekte ‚Kampf des Geistes gegen den Terror' oder ‚Schachspiel als Symbol'. Um beide vollständig zu erfassen, brauchen die Schüler theoretisches Wissen um es auf die Novelle zu transferieren. Die Schwierigkeiten können überwunden werden, wenn die Schüler in der Lage sind, Probleme zu kommunizieren und der/die Lehrer/-in an diesen Punkten Hilfestellungen leistet.

Dem adäquaten Verständnis der Novelle könnte die Sprache und das Wissen Stefan Zweigs stellenweise im Wege stehen. So verwendet der Autor eine Menge ausgefallener Fremdwörter, teilweise in einem uns nicht bekannten Zusammenhang, und fügt eine Reihe von Anspielungen auf historische Persönlichkeiten ein. Ein Überlesen solcher Textstellen verhindert die vollständige Erschließung des Sinngehaltes, denn nicht selten unterstreichen gerade diese Passagen die Aussageabsicht Zweigs. Daher erscheint es ratsam, die Schüler im Vorfeld der Lektüre auf die bevorstehenden Schwierigkeiten aufmerksam zu machen und sie aufzufordern, während der Lektüre ein Wörterbuch zu benutzen. Noch hilfreicher ist es, sie eine Fremdwörterkartei anlegen zu lassen.

3.4 Anregungen zur Umsetzung der Reihe und Checkliste für Lehrer/-innen

Anregungen
Gerade im Zusammenhang mit so genannten synthetischen Aktivitäten (produktionsorientierte Aufgaben, Visualisierungen) ist der Arbeitseinsatz der Schüler hoch. Um dies zu würdigen und die Schüler zu motivieren, bietet es sich an, eine Sammlung dieser Ergebnisse anzulegen. Sie kann zu einem Buch neben dem Buch werden und zum Beispiel überschrieben werden mit „Meine Schachnovelle".

Checkliste

Stunde	Checkliste
1	–
2	Kassettenrekorder, Hörbuchfassung der SCHACHNOVELLE an der betreffenden Stelle A: Illustrierte/Zeitungen, Kleber, Scheren, Pappe, bunte Stifte, Krepp-Band
3	–
4	Kreppband, Karteikarten, zerschnittene Folie, Folienstifte, OHP
5	Material 2
6	Folien, Folienstifte, OHP
7	Thesenpapier zum KRef. erhalten und kopiert?
8	Material 5, Folie von Material 6, OHP

Stunde	Checkliste
9	–
10	Material 8
11	Material 9, Folie von Material 9
12	–
13	Videorekorder; Spielfilmkassette an richtiger Stelle (Zählerstand: 1 Std., 35 Min., 08 Sek.)?

3.5 Stundentafel

Kernreihe (10 Unterrichtsstunden) für Klassen 9/10

Thema: Der Titel der SCHACHNOVELLE — **1. Stunde**
Ziel: Die Schüler werden für die Problemlage der SCHACHNOVELLE sensibilisiert.

Thema: Die Grenzsituation der Isolationshaft — **2. Stunde**
Ziel: Die Schüler setzen sich mit den Bedingungen und Auswirkungen der Isolationshaft des Dr. B. auseinander. Dabei erkennen sie die Problemlage dieser Situation und gewinnen Einblick in die sprachliche Umsetzung der geistigen Krise durch den Autor.

Thema: Die geistige Krisensituation Dr. B.s — **3. Stunde**
Ziel: Die Schüler setzen sich mit dem Zustand Dr. B.s auseinander. Sie erkennen die ambivalente Wirkung des Schachspiels in der Isolationshaft.

Thema: Die Bedeutungsebenen des Schachspiels — **4. Stunde**
Ziel: Die Schüler entwickeln die Bedeutungsebenen, die dem Schachspiel innerhalb der Novelle zukommen und nähern sich damit der Symbolfunktion des Schachspiels in der SCHACHNOVELLE an.

Thema: Das Schachspiel als zentrales Symbol der Novelle — **5. Stunde**

	Ziel:	Die Schüler erfassen den Stellenwert des Schachspiels innerhalb der Novelle.
6. Stunde	**Thema:**	Der Handlungsaufbau der Novelle
	Ziel:	Die Schüler analysieren den Aufbau der SCHACHNOVELLE und erkennen die Funktion der einzelnen Handlungsebenen.
7. Stunde	**Thema:**	Der Kampf des Dr. B. gegen den Terror
	Ziel:	Der Konflikt zwischen dem Humanismuskonzept des Dr. B. und der Brutalität der Inhumanität wird den Schülern als Thema der Novelle bewusst. Anhand eines Kurzreferates gewinnen sie Einblick in die historische Herkunft des zugrunde liegenden Humanismuskonzeptes.
8. Stunde	**Thema:**	Der Schachweltmeister Czentovic
	Ziel:	Die Schüler setzen sich mit dem Charakter Czentovics auseinander und erarbeiten unter Rückgriff auf vorangegangene Stunden die humanistische Aussageabsicht der Novelle.
9. Stunde	**Thema:**	Figurendarstellung
	Ziel:	Die Lenkung des Leserurteils durch den Einsatz spezifischer Formelemente innerhalb der Figurendarstellung steht im Mittelpunkt der Stunde. Die Schüler erarbeiten die Techniken, mit deren Hilfe Zweig eine solche Leserlenkung vornimmt.
10. Stunde	**Thema:**	Der politisch-historische Hintergrund der SCHACHNOVELLE
	Ziel:	Die Schüler lernen den zeithistorischen Hintergrund der Novelle kennen und beurteilen die politische Dimension der SCHACHNOVELLE.

Addita (3 Unterrichtsstunden) für Klassen 9/10

11. Stunde	**Thema:**	Die autobiografische Prägung der SCHACHNOVELLE

Ziel: Anhand eines Kurzreferates und Selbstaussagen Zweigs erarbeiten die Schüler die autobiografische Prägung der SCHACHNOVELLE und erkennen, dass literarisches Schaffen auch Verarbeitungsprozess ist.

12. Stunde

Thema: Die Destruktivität des Monomanischen
Ziel: Die Schüler erfassen und problematisieren den Begriff des Monomanischen. Sie erkennen, dass Zweig ihn als mögliche Ursache für Inhumanität und Zerstörung innerhalb der Novelle darstellt.

13. Stunde (als Einschub zwischen 8. und 9. Stunde)

Thema: Der Schluss der SCHACHNOVELLE in der Verfilmung
Ziel: Im Zentrum steht der Vergleich der Literaturverfilmung mit der Vorlage. Durch ihn wird sowohl Literaturverfilmung als solche problematisiert als auch die Aussageabsicht Zweigs abschließend gesichert.

Verwendete Abkürzungen:

A = Alternative
EA = Einzelarbeit
GA = Gruppenarbeit
GD = Gruppendiskussion
HA = Hausaufgabe
KRef = Kurzreferat
L = Lehrer/in
[Buch-Symbol] = Leseabschnitt
LV = Lehrervortrag
[Bildschirm-Symbol] = Medien (Materialien, Arbeitsblätter, Bilder etc.)
PA = Partnerarbeit
PRO = Produktions- und handlungsorientiert
[Füller-Symbol] = Schreibauftrag
S = Schüler/-innen
TA = Tafelanschrieb
UG = Unterrichtsgespräch

Kernreihe (10 Std.)

Stunde	Thema	Didaktische Aspekte (Inhalte/Ziele)	Methodische Realisierung/Verlauf	Hausaufgabe
1	Der Titel der SCHACHNOVELLE	1. Sicherung des Textverständnisses/Problemlage der SCHACHNOVELLE. 2. Die SCHACHNOVELLE heute.	1a. Einstieg: Konfrontation der S mit der Meinung Ingrid Schwamborns (Zweig-Forscherin), dass der Titel der SCHACHNOVELLE von ihrem eigentlichen Problem ablenke. 1b. GD: S setzen sich in Kleingruppen mit der Aussage Schwamborns kritisch auseinander und finden ggf. einen anderen Titel für die Novelle. 1c. TA der möglichen Titel (Isolationsnovelle (Schwamborn), Entscheidung, Das letzte Spiel) UG: Begründung der Titeländerung oder -beibehaltung durch die einzelnen Gruppen. Welche(s) Problem(e) seht ihr als zentral an? 2. UG: Versuch einer Bewertung des Aktualitätsgehaltes der Novelle auf der Grundlage der geführten Diskussion. (L: vgl. Kapitel 2.1, 2.2 und 2.4) A: S erhalten vor der Stunde die HA, drei Zitate herauszusuchen, die sie besonders beeindruckt haben. Aus der Vorstellung der HA ergibt sich ein UG über Inhalt und Bedeutungsebenen der Novelle.	PRO: Du bist Historiker und auf den „Fall Dr. B.“ gestoßen. : Verfasse einen Bericht, in welchem du sowohl die Begründung für die Isolierung Dr. B.s ausarbeitest als auch darlegst, weshalb man im NS-Regime zum Mittel der Isolationshaft gegriffen hat.

2	Die Grenzsituation der Isolationshaft	1. Begründung und Zielsetzung der Isolationshaft. 2. Erfassen der geistigen Krisensituation Dr. B.s. 3. Spiegelung der psychischen Verfassung auf sprachlicher Ebene.	1. Präsentation der HA 2a. EA: S. 55 „Ein eigenes Zimmer […]“ – S. 64 „[…] auch nicht hören“. Was belastet Dr. B.? Wozu führt die Belastung? Beantworte die Fragen stichwortartig und markiere im Text Belegstellen. 2b. TA der Stichworte inkl. Fundstellen. 3a. [TV]: Vorspielen der Hörbuchfassung der SCHACHNOVELLE von S. 56 „Aber die Tür […]“ – S. 58 „[…] Allein. Allein.“ (A:) Hörauftrag: Wie gestaltet Zweig die psychische Verfassung Dr. B.s sprachlich? (L: vgl. Kapitel 2.3.2) 3b. UG: Besprechung des Hörauftrages. Die Ergebnisse werden im Arbeitsheft der Schüler festgehalten. A: (anstelle von 2a,b und 3a,b) a. GA: Die S erhalten Zeitungen (besser: Illustrierte) und werden aufgefordert, auf Grundlage der Textstelle S. 56–58 eine Text-Bild Collage zu gestalten. L: Es kommt darauf an, bildliche Elemente (Zeichnungen, Zeitungsausschnitte) mit zentralen Aussagen (Wörter, Sätze, Wendungen, Passagen) der betreffenden Textstelle zu verbinden. Dadurch	Vervollständige die Tabelle von Material 1. Welche Stationen durchläuft Dr. B. in seiner psychischen und physischen Verfasstheit und wie wirkt sich diese auf die Verhöre aus?

Stunde	Thema	Didaktische Aspekte (Inhalte/Ziele)	Methodische Realisierung/Verlauf	Hausaufgabe
2			erschließt sich die sprachliche Gestaltung der Textstelle. b. Das anschließende UG ist Auswertungsgespräch der Collagen und thematisiert die o.g. Frage zum Hörauftrag.	
3	Die geistige Krisensituation Dr. B.s	1. Funktion des gestohlenen Schachbuchs. 2. Einsicht in die zerstörte Persönlichkeit Dr. B.s. a. Erkennen der Symptome der „Schachvergiftung“ (wichtig für das Ende der Novelle). b. Verdeutlichung der Brutalität der Gestapo-Methoden.	1. GA: S präsentieren innerhalb der Gruppen ihre Tabellen (oder alternative HA) Leitfragen: Welchen Weg findet Dr. B. aus der Grenzsituation der Isolationshaft? Warum scheitert dieser Weg letztlich? 2a. EA/PRO: Verfasse einen Tagebucheintrag des behandelnden Arztes zum Patienten Dr. B. Beachte dabei sowohl die körperlichen (Unruhe, Schlaflosigkeit, Durst, Abmagerung, Fieber, nicht vorhandene Realitätswahrnehmung) als auch die geistigen Symptome (Bewusstseinsspaltung, Schachspielzwang, Aggression, Ungeduld, Suchtsymptome). 2b. UG: S lesen ihre Tagebucheinträge vor.	: Welche Funktion hat Spielen für dich? Notiere 4–5 Aspekte, die dir wichtig sind. Jeder Aspekt wird als Sichtwort auf eine Karteikarte (oder 1/4 DIN-A4-Blatt) geschrieben.

		Dabei TA der Symptome einer „Schachvergiftung“. Abschließend wird versucht aus der Sicht des Arztes zu begründen, weshalb er für die Entlassung Dr. B.s aus der Isolationshaft eintritt. (L: S. 89–91. Der Arzt steht den Methoden der Gestapo kritisch gegenüber und ist den traditionellen Bewegungen Österreichs verbunden. Er ist menschlich und empfindet den Terror, dem Dr. B. sein Nervenfieber letztlich verdankt, als inhuman.)	
❹ Bedeutungsebenen des Schachspiels	1. Vorverständigung über das Alltagsverständnis von Spielen. 2. Erfassen der Bedeutungsebenen, die das Spielen für Dr. B. hat. 3. Erarbeitung der Funktion, die Schachspielen für die anderen Personen der Novelle hat. Erste Annäherung	1. UG: Die Karteikarten werden an einer Tafelhälfte geordnet. Die ungewöhnlichsten Aspekte werden kurz diskutiert. LV: Zusammenfassung. 2a. PA/PRO: Die S füllen aus der Sicht des Dr. B. Karteikarten zu der gleichen Leitfrage aus. 2b. UG: Die Karten werden an der anderen Tafelhälfte geordnet. Im Plenum wird entschieden, welche Antworten begründet werden sollen. Worin liegt der Unterschied zum alltäglichen Verständnis von Spielen? OHP-Folie: Die wichtigsten Aspekte werden in einer Tabelle (insg. 4 Spalten) festgehalten.	: Textstelle S. 21–23. Fasse in eigenen Worten zusammen, worin „die geheime Attraktion“ des königlichen Spiels besteht.

Stunde	Thema	Didaktische Aspekte (Inhalte/Ziele)	Methodische Realisierung/Verlauf	Hausaufgabe
4		an das Spezifische des Schachspiels.	3a. GA (arbeitsteilig): Je eine Gruppe erarbeitet die Bedeutung, die das Schachspiel für den Erzähler, McConnor und Czentovic hat. Für die Präsentation erhalten die S einen spaltenbreiten Folienteil (4 Spalten-Tabelle auf OHP; L: vgl. Kapitel 2.2.1). 3b. UG: Erstellen der Tabelle. Vergleich mit den eigenen Aspekten. Wie lassen sich die Unterschiede begründen?	
5	Das Schachspiel als zentrales Symbol der Novelle	1. Erarbeiten des literaturwissenschaftlichen Begriffs ‚Symbol'. 2. Erfassen des Stellenwerts des Schachspiels innerhalb der Novelle.	1a. PA: Die S arbeiten mit Material 2. 1b. UG: Die S lesen ihre Zusammenfassungen reihum vor, die beste wird ins Heft eingetragen. 2a. UG: Bezug zur 1. Stunde. Welche Themen werden in der SCHACHNOVELLE angesprochen? (Isolation, Kampf zweier gegensätzlicher Parteien, Widerstand gegen Terror) 2b. GD: Das Schachspiel gilt allgemein als Symbol der SCHACHNOVELLE. S diskutieren, wofür es steht. Möglicher Hinweis von L: Brasilianisches Wort für	Versuche, den Aufbau der Novelle schematisch darzustellen (L: Material 4).

			Schach, ‚xadrez‘, bedeutet auch Gefängnis. (L: vgl. Kapitel 2.2.1) 2c. UG: Die Ergebnisse der GD werden an der Tafel festgehalten (z.B. als Mind-Map; vgl. Material 3). Einbezug der HA: Warum ist gerade das Schachspiel geeignet, die erarbeiteten Bedeutungsebenen in sich aufzunehmen? 2.(A): UG: Aus den Zusammenfassungen der S werden die Merkmale eines Symbols festgehalten. In PA überprüfen die S nun, ob das Schachspiel den einzelnen Aspekten gerecht wird. Aus dem folgenden Auswertungsgespräch entwickelt L an der Tafel eine Mind-Map.	
6	Der Handlungsaufbau der Novelle	1. Erarbeitung der Makrostruktur der Novelle. 2. Verbindung der Handlungsebenen. 3. Erfassen der außergewöhnlichen Bedeutung der Rahmenhandlung in der	1a. GA: Die S stellen die zu Hause angefertigten Schemata vor und entscheiden sich für eins (ggf. kann aus den verschiedenen Vorlagen eine neue Darstellung erarbeitet werden). Dieses wird auf Folie übertragen. 1b. UG: Präsentation der Folien (OHP). Auswahl des besten Schaubilds (vgl. Material 4). 2a. PA: Rahmenhandlung und Binnenhandlungen bilden drei in sich geschlossene Erzählungen, sind aber miteinander verwoben. GA: Die S notieren	Vergleiche die Textpassagen S. 82 („Das alles scheint sinnlos […].“) – S. 86 („[…] sich selber zuschrie“) und S. 103 („Noch eine Partie? […]“) – S. 107 („Schach dem König!“). Unterstrei-

Stunde	Thema	Didaktische Aspekte (Inhalte/Ziele)	Methodische Realisierung/Verlauf	Hausaufgabe
6		SCHACHNOVELLE. Bestimmen der Funktion der einzelnen Handlungsebenen.	stichwortartig, wodurch. (Figuren, Schachspiel, Krise des Dr. B., vgl. Kapitel 2.3.1) 2b. UG: S tragen ihre Ergebnisse vor. L hält die Verbindungselemente auf dem ausgewählten Schema fest. 3a. LV: Einführung der Begriffe Binnen- und Rahmenhandlung. 3b. UG: Worin unterscheiden sich Rahmenhandlung und Binnenhandlungen der SCHACHNOVELLE von ihrer herkömmlichen Verwendung? (Schwerpunkt der Handlung ist in die Rahmenhandlung verlegt, vgl. Kapitel 2.3.1) Welche Funktion kommt den Binnenhandlungen zu? (Inhaltliche Vertiefung der Rahmenhandlung; Erhellung des Konfliktes der Rahmenhandlung) 3b/A: GA: S sollen überlegen, ob die SCHACHNOVELLE als beispielhafte Rahmenerzählung gelten kann und warum/nicht. Anschließend Präsentation und UG (Leitfragen wie oben zu 3b)	che Parallelen. Beantworte kurz: Was geschieht mit Dr. B.? Wodurch wird sein Gemütszustand ausgelöst?

7	Der Kampf des Dr. B. gegen den Terror	1. Erfassen der Parallelen zwischen der Haftsituation und der letzten Schachpartie. Bewusstwerdung der nachhaltigen psychischen Störung Dr. B.s. 2. Erste Annäherung an die humanistische Aussageabsicht der Novelle.	1a. EA/PRO: Versetze dich in Dr. B., der nach Ankunft des Schiffes in Buenos Aires einen Brief an den Arzt schreibt, der bei ihm die ‚Schachvergiftung' diagnostiziert hatte. In ihm bezieht er sich auf die Vorgänge an Bord und gibt einen Ausblick auf seine Zukunft (ggf. auch als HA). 1b. UG: Vorstellen und Besprechen der Ergebnisse. Kriterien: Wieso kann sich der Zusammenbruch aus der Isolationshaft innerhalb der letzten Schachpartie wiederholen? Welche Konsequenzen haben die Ereignisse auf das Leben Dr. B.s? 2a. KRef: Humanismusbegriff. S erhalten ein Thesenpapier. (Was ist Humanismus, was gilt als inhuman? Wodurch zeichnet sich ein Humanist aus?) 2b. PA: Gibt es im Text Humanisten? Begründet eure Meinung anhand des Textes. (Erzähler und Dr. B. sind Humanisten: Sie sind gebildet, kultiviert, interessiert und setzen sich für Menschen ein; Dr. B. liest.) 2c. UG: Auswertung der Ergebnisse. Weiterführendes UG: Leitfrage: Woran zerbricht Dr. B. vor dem Hintergrund des Humanismuskonzeptes? (L: vgl. Kapitel 2.2.1)	Suche fünf Textstellen heraus, die charakteristisch für Czentovic sind. A: PRO: Schreibe für Czentovic Denkblasen (= ausführlicher als in Comics): mögliche Gedankengänge in folgenden Situationen: 1. Als er zu Beginn im Blitzlichtgewitter der Fotografen steht. 2. Als er die Herren beim Schach sieht. 3. Als er gegen McConnor spielt. 4. Als Dr. B. sich in das Spiel einschaltet. 5. Als er gegen Dr. B. verliert. 6. Als er zum zweiten Mal gegen Dr. B. spielt.

Stunde	Thema	Didaktische Aspekte (Inhalte/Ziele)	Methodische Realisierung/Verlauf	Hausaufgabe
8	Der Schachweltmeister Czentovic	1. Einfühlen in die Figur Czentovic. 2. Erarbeitung des Kontrastes zwischen Czentovic und Dr. B. 3. Erkennen der humanistischen Aussageabsicht der Novelle.	1a. GA/PRO: S bearbeiten Material 5. 1b. UG: Vorstellen und Diskussion der Ergebnisse. A: Wenn die alternative HA gestellt wurde, wird diese vorgestellt. 2a. UG/Medien: Zeigen der Weber-Grafik (Material 6). Leitfrage: Würde sich die Grafik als Umschlagbild einer Ausgabe der SCHACHNOVELLE eignen? Im Gespräch werden die S die kontrastive Ausgestaltung der beiden Hauptfiguren der Novelle erarbeiten. 2b. UG: Gibt es zwischen den Figuren einen Moment der Annäherung? (Da, wo Czentovic sich interessiert, wird er freundlicher und offener; in der letzten Schachpartie werden beide aggressiv.) 3a. LV: die Ergebnisse der vorherigen Stunde (Humanismuskonzept, Dr. B. als Vertreter des Humanismus, Scheitern Dr. B.s an Inhumanität und Terror). 3b. EA: Warum gewinnt Dr. B. die letzte Partie nicht? 3c. UG: Diskussion der Ergebnisse. Formulierung einer Aussageabsicht Zweigs. (L: vgl. Kapitel 2.2.1)	Welche Figuren sind dir sympathisch, welche unsympathisch? Begründe.

9	Die Figurendarstellung	1. Verdeutlichung der Figurenkonstellation. 2. Erfassen der Bewertungstechnik Zweigs.	1. UG: S lesen ihre Einschätzung der Novellenfiguren vor. Hieraus ergibt sich die Grundlage des TAs (Material 7): Czentovic und McConnor erfahren eine negative, Dr. B. und der Erzähler eine positive Bewertung. 2a. GA: Leitfrage: Bekommt man durch die Art des Erzählens Hinweise, wie die Figur zu bewerten ist? Es werden sechs Gruppen gebildet. Je zwei untersuchen eine Figur (ohne Erzähler) anhand folgender Kriterien: Haltung des Erzählers der Figur gegenüber; Erzählperspektive; Figurencharakterisierung; sprachliche Wendungen im Zusammenhang mit der Figur. 2b. UG: Die Expertengruppen stellen jeweils ihre Ergebnisse vor. Durch sie ‚wächst' der TA (vgl. Material 7). 2c. Wie kommt es zur positiven Einschätzung des Erzählers? Ergänzung des TAs. Weshalb ist es wichtig, dass der Erzähler positiv bewertet wird? (Nur so gewinnt der Leser Vertrauen und übernimmt seine Einschätzung der Dinge.)	Informiere dich auf den Internetseiten www.aeiou.at und zeit1.uibk.ac.at/quellen über die österreichische Geschichte der Zwischenkriegszeit. Recherchiere vor allem zu den Begriffen Antisemitismus, Austrofaschismus, Widerstandsbewegung und Österreich 1938–1945, Konzentrationslager, Emigranten.

Stunde	Thema	Didaktische Aspekte (Inhalte/Ziele)	Methodische Realisierung/Verlauf	Hausaufgabe
10	Der politisch-historische Hintergrund der SCHACHNOVELLE	1. Information über den zeitgeschichtlichen Hintergrund der SCHACHNOVELLE. 2. Beurteilung der politischen Dimension der SCHACHNOVELLE. 3. Abschlussdiskussion	1a. LV: Zweigs a-politische Haltung. 1b. EA: Vor welchem historischen Hintergrund spielt die SCHACHNOVELLE? Suche Textstellen, die sich auf die Zeit beziehen! 2a. GA (arbeitsteilig): Vier Gruppen beschäftigen sich mit Material 8. 2b. UG: Präsentation der Ergebnisse durch die einzelnen Gruppen. Abschließend Beurteilung der politischen Dimension der SCHACHNOVELLE. (L: vgl. Kapitel 2.1 und 2.4.1) 3. UG: Rückbezug auf die 1. Stunde. Die dort diskutierten Titel für die Novelle werden erneut vorgestellt. Leitfrage: Welchen Titel würdet ihr nun der Novelle geben?	keine

Additum (3 Std.)

Stunde	Thema	Didaktische Aspekte (Inhalte/Ziele)	Methodische Realisierung/Verlauf	Hausaufgabe
11	Die autobiografische Prägung der SCHACHNOVELLE	1. Information zu Stefan Zweig. 2. Erarbeitung von Parallelen zwischen Zweig und Dr. B. 3. Erkennen der Funktion von Schreiben als Verarbeitungsprozess.	1. KRef: Biografie Stefan Zweigs. (Wichtig: SCHACHNOVELLE ist sein letztes Werk und entsteht im Exil.) 2a. GA: Gruppen erhalten Selbstaussagen Stefan Zweigs (Material 9). Leitfragen: In welchem Gemütszustand befindet sich Zweig im Exil in Petropolis? Zu welcher der Novellenfiguren gibt es Parallelen? Worin bestehen die Gemeinsamkeiten? (Sucht hierzu Belegstellen im Text.) (L: vgl. Kapitel 2.1) 2b. UG: Sammlung der Ergebnisse. (Hierzu können die Selbstaussagen Zweigs auf Folie kopiert werden, die S-Belegstellen werden drum herum angeordnet.) Woran scheitern Zweig und Dr. B.? (Einsamkeit/Isolation) 3. UG: Blitzlicht zu der Frage: Welche Funktion hat schriftstellerische Tätigkeit? (TA) Was bedeutet dies für die Interpretation eines literarischen Werkes? (Verschiedene Interpretationsansätze müssen einfließen oder berücksichtigt werden.)	Als Vorbereitung auf die Stunde 12 des Additums: : Erörtere die Vor- und Nachteile des Spezialistentums.

Stunde	Thema	Didaktische Aspekte (Inhalte/Ziele)	Methodische Realisierung/Verlauf	Hausaufgabe
12	Die Destruktivität des Monomanischen	1. Kritische Auseinandersetzung mit dem Streben nach Spezialistentum. 2. Erfassen des Standpunktes, den die Novelle gegenüber dem monomanischen Menschen einnimmt.	1a. SD: Durch die Erörterung haben die S ihren Standpunkt zum Thema Spezialisierung und Argumente entwickelt. Die Standpunkte werden im Plenum vorgestellt. Der L kann dabei diskussionsfördernd eingreifen: Warum eignet man sich Spezialwissen an? Hat Gewinnmaximierung gesellschaftlichen Wert? Was ist für euch ein lebensfähiger Mensch? 1b. LV: Zusammenfassung der Diskussionsinhalte. 2a. EA: S vervollständigen aus der Perspektive Zweigs den Satz „Die Beschränkung auf eine Sache führt zu […]“. 2b. UG: Der unvollständige Satz wird als Überschrift an die Tafel geschrieben. Die S-Ergänzungen werden als TA gesammelt und die S bestimmen selbst, was sie hinterfragen, erklärt haben, besprechen wollen usw. Im UG sollte der Humanismusaspekt aufgegriffen werden. (Wichtig: die Begründungen sollen unter Bezug auf den Text geschehen. L: vgl. Kapitel 2.2.1)	keine

			2c. UG: Vergleich der Aussage der SCHACHNOVELLE mit den eigenen Standpunkten. Ggf. Kritik an Zweig (Figur Czentovics ist überzogen dargestellt).	
⑬ *	Der Schluss der SCHACHNOVELLE in der Verfilmung	1. Erfassen der filmischen Aussagabsicht 2. Sicherung der Aussageabsicht Zweigs	1a. [TV-Symbol]: S wird der Schluss der Verfilmung vorgespielt (Zählerstand: 1.35.08; letzte Szene an Bord des Schiffes, Ende der Schachpartie zwischen von Basil und Czentovic) 1b. UG: Spontane Wiedergabe der Eindrücke (Unterschiede zwischen Film und Text sowohl in Bezug auf die Handlung als auch die Figurenkonstellation und -ausgestaltung betreffend. Die Unterschiede sollten geordnet gesammelt werden.) 1b. GA: S diskutieren die Aussagabsicht der Verfilmung und formulieren sie stichwortartig. Leitfragen: Mit wem wird Czentovic gleichgesetzt? Wer gewinnt am Ende? (Gleichsetzung Czentovics mit der Gestapo, von Basil besiegt den Schachweltmeister, Czentovic wahrt sein Gesicht nur	Vgl. Stunde 8

* (Die Stunde wird idealerweise im Anschluss an Stunde 8 der Kernreihe gehalten. Die HA aus 8 wird dann verschoben, da sie vorbereitend auf die 9. Stunde ist. Vorbereitende Hausaufgabe auf diese Stunde ist, auf der Grundlage der Ergebnisse der vorangegangenen Stunde die Aussageabsicht Zweigs schriftlich auszuführen.)

Stunde	Thema	Didaktische Aspekte (Inhalte/Ziele)	Methodische Realisierung/Verlauf	Hausaufgabe
13			durch Druck und Betrug, von Basil geht als Sieger aus dem Konflikt: Er hat sowohl dem Terror der Gestapo standgehalten als auch den Schachweltmeister besiegt; zudem hat er eine Frau gewonnen.) 1c. UG: Präsentation der Ergebnisse. Festhalten der Aussageabsicht auf einer Tafelhälfte. 2a. EA: S versetzen sich in den Autor Stefan Zweig und beurteilen aus seiner Sicht den Schluss der Verfilmung stichwortartig. 2b. UG: Vortragen der Kritiken. Anschließendes UG. Leitfrage: Warum gewinnt Dr. B. im Buch nicht so eindeutig wie in der Verfilmung? (Vgl. Kapitel 2.2.1)	

3.6 Vorschläge für Klassenarbeiten/Schulaufgaben

Textanalytische Themen:
I. Textstelle S. 102 („Ohne es zu merken […]") – S. 103 („[…] jähen Fieber geschüttelt)
1. Ordne die Textstelle kurz in den Kontext der Handlung ein. Erkläre auch die Erregung der Zuschauer.
2. Beschreibe das Verhalten von Dr. B. und die Gründe dafür.
3. Warum ist es nicht im Sinne Zweigs, die Novelle mit dem Sieg Dr. B.s enden zu lassen?

II. Textstelle S. 97 „Denn der geistige Habitus […]" – „[…] schon im voraus erwartet."
1. Führe aus, worin der Gegensatz zwischen Czentovic und Dr. B. besteht.
2. Beschreibe das folgende Spiel der beiden und seine Folgen.
3. Welchen Sinn erhält das Spiel durch die 2. Binnenhandlung?

III.
1. Beschreibe kurz den Aufbau der SCHACHNOVELLE.
2. Worin besteht das Besondere des Aufbaus?
3. Wie konstruiert Zweig die Einheit des Textes?

IV.
1. Skizziere die Figurenkonstellation der SCHACHNOVELLE. In welcher Beziehung stehen die Figuren zueinander?
2. Auf welche Weise wird der Leser in seiner Bewertung der Figuren gelenkt?

Erörterungsthema:
(Nur, wenn Stunde 11 unterrichtet worden ist)
Erörtere den Vorschlag I. Schwamborns, die SCHACHNOVELLE „Isolationsnovelle" zu nennen.

Produktionsorientierte Aufgabe:
Verfasse einen Brief, den Dr. B. nach seiner Ankunft in Buenos Aires an den Erzähler schreibt. Er soll darin darlegen,

– wie er sich heute fühlt,
– welche Rolle der Erzähler für ihn während der Schlusspartie gespielt hat,
– was ihm durch dessen Eingreifen bewusst wurde.

Achte dabei darauf, dass der Brief authentisch ist, das heißt, dass Erzählstil und Charakter Dr. B.s deutlich werden.

3.7 Referatthemen

1. Der Humanismusbegriff (Stunde 7)
2. Österreichische Geschichte 1938–1945 (alternativ zur vorbereitenden Hausaufgabe für Stunde 10)
3. Stefan Zweigs Biografie (Stunde 11)

4 Materialien

Dr. B.s Zustand in der Isolationshaft

Material 1

	Psychische Verfassung Dr. B.s	Physische Verfassung Dr. B.s	Verhalten bei den Verhören
Beginn der Isolationshaft			
Erste Zeit der Isolationshaft			
27. Juli/ Buchfund			
3 Monate nach dem Buchfund			
4. Monat nach dem Buchfund			
Folgende Monate			
Ende der Isolationshaft			

Material 2 Der Begriff des Symbols in der Literaturwissenschaft

Symbol (griech. *symbolon* = Wahrzeichen, Merkmal)
In der Dichtung ein sinnlich gegebenes und faßbares, bildkräftiges Zeichen, das über sich selbst hinaus als Offenbarung veranschaulichend und verdeutlichend auf einen höheren, abstrakten Bereich verweist, [...] „Sinnbild“ von besonders eindringlicher Gefühlswirkung, künstlerischer Kraft und weitgespanntem Bezugskreis, das in der Gestaltung des Einzelnen, Besonderen ein nicht angesprochenes Allgemeines durchscheinen und ahnen lässt und als andeutender Ersatz für ein geheimnisvolles, undarstellbares [...] Vorstellungsgebilde im Bild dessen weiten seelischen Gehalt zu erschließen sucht, der im Bild enthalten, jedoch von ihm selbst verschieden ist. [...]

Träger des Symbols können einzelne Personen [...] oder Gegenstände [...] sein, die durch das Auftreten an hervorgehobener Stelle oder leitmotivartiger Wiederholung bedeutsam werden [...].

(nach Gero von Wilpert: Sachwörterbuch der Literatur)

Arbeitsauftrag:
Formuliere in eigenen Worten, was ein Symbol in der Dichtung ist!

Tafelbild: Der symbolische Wert des Schachspiels in der Schachnovelle

Material 3

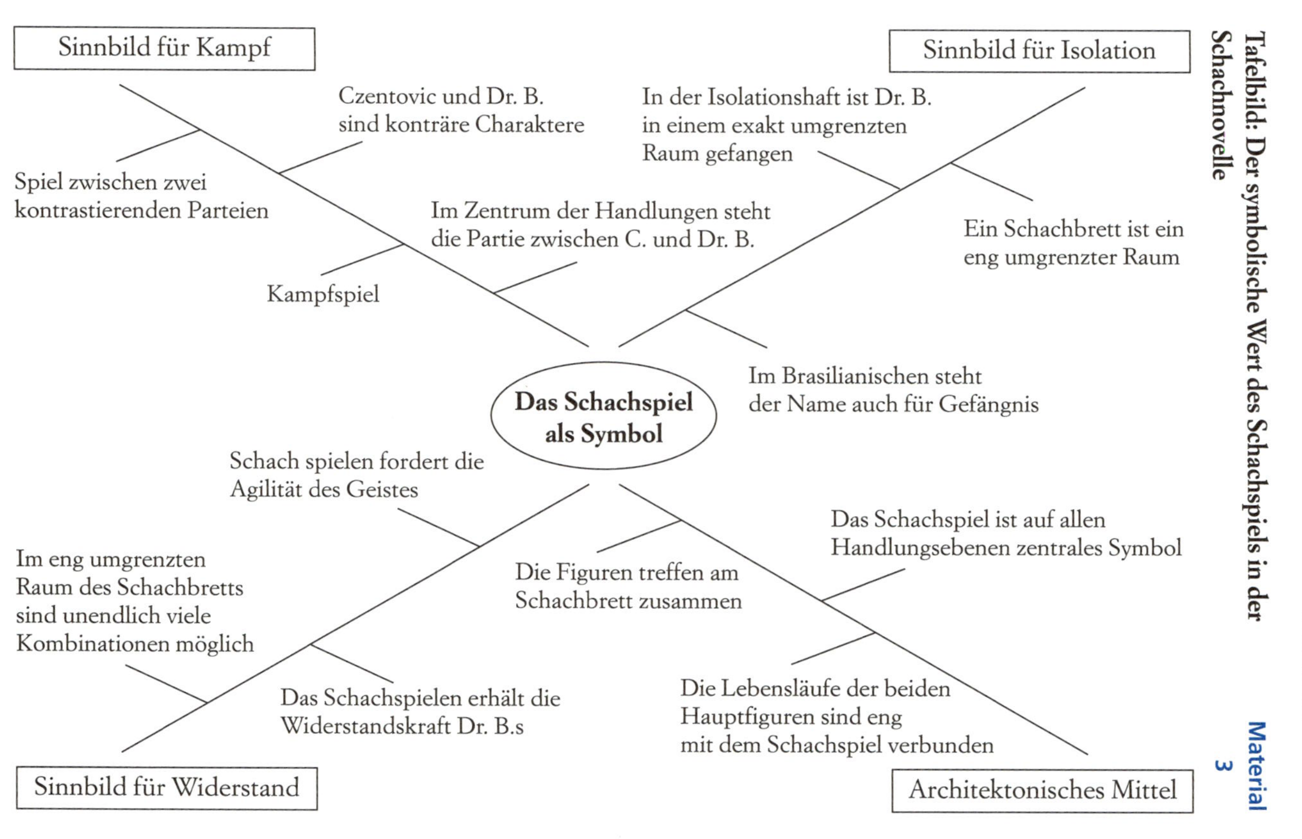

Material 4 Visualisierung des Handlungsaufbaus

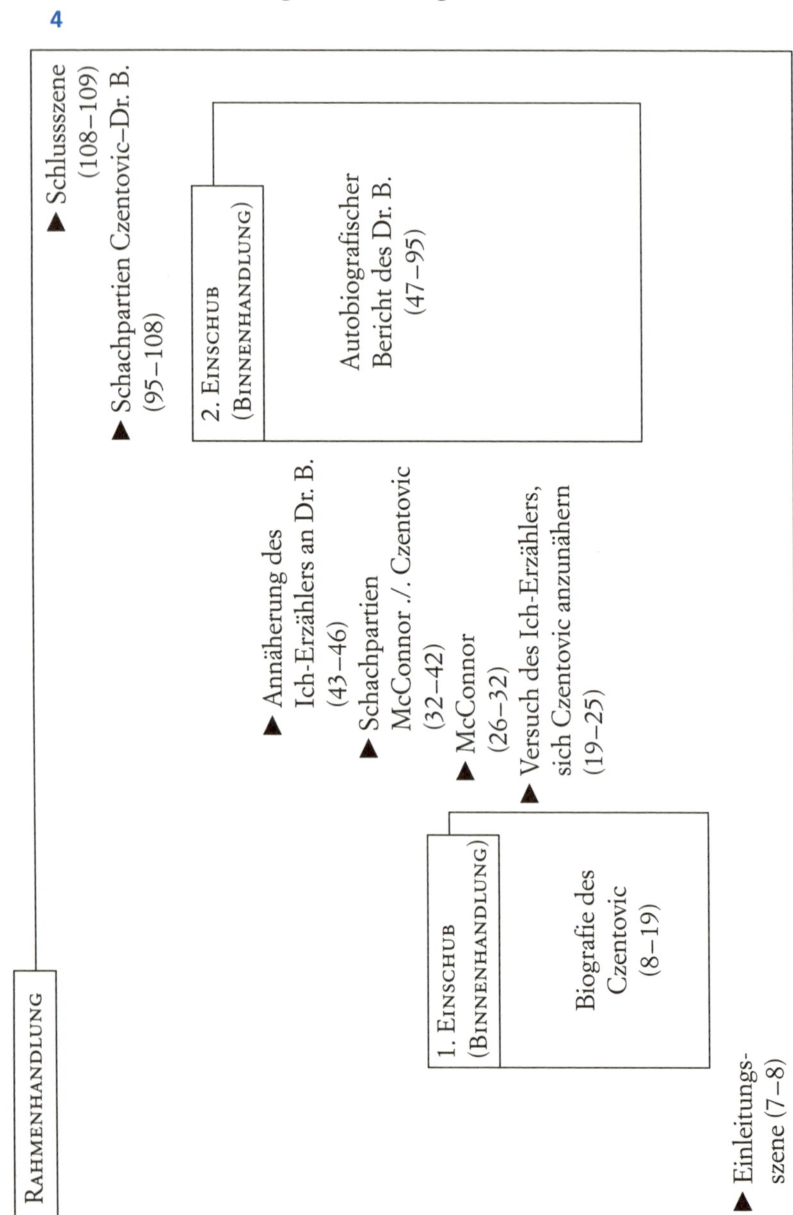

Interview mit Mirko Czentovic

Material 5

Versetze dich in die Rolle des Mirko Czentovic und beantworte die Fragen des Interviewers aus seiner Sicht. Versuche, deine Antworten durch Angabe von Textstellen in Klammern zu belegen.

I.: Was ist für Sie das größte Glück/Unglück?
C: ______________________________

____

I.: Wie versuchen Sie Ihr Glück zu erreichen?
C: ______________________________

____

I.: Wovor fürchten Sie sich?
C: ______________________________

____

I.: Was ist Ihre Lieblingstugend?
C: ______________________________

____

I.: Was ist Ihre Lieblingsbeschäftigung?
C: ______________________________

____

I.: Was ist Ihr größter Fehler?
C: ______________________________

____

I.: Was schätzen Sie bei anderen Menschen am meisten?
C: ______________________________

____

I.: Welche natürliche Gabe möchten Sie besitzen?
C: ______________________________

____

I.: Wie ist Ihre gegenwärtige Geistesverfassung?
C: ______________________________

____

I.: Was ist Ihr Motto?
C: ______________________________

____

Material 6 **Paul Weber:** Der Affe hat gezogen

(A. Paul Weber-Museum, Ratzeburg/VG Bild-Kunst, Bonn 2009)

Tafelbild: Technik der Figurendarstellung

Material 7

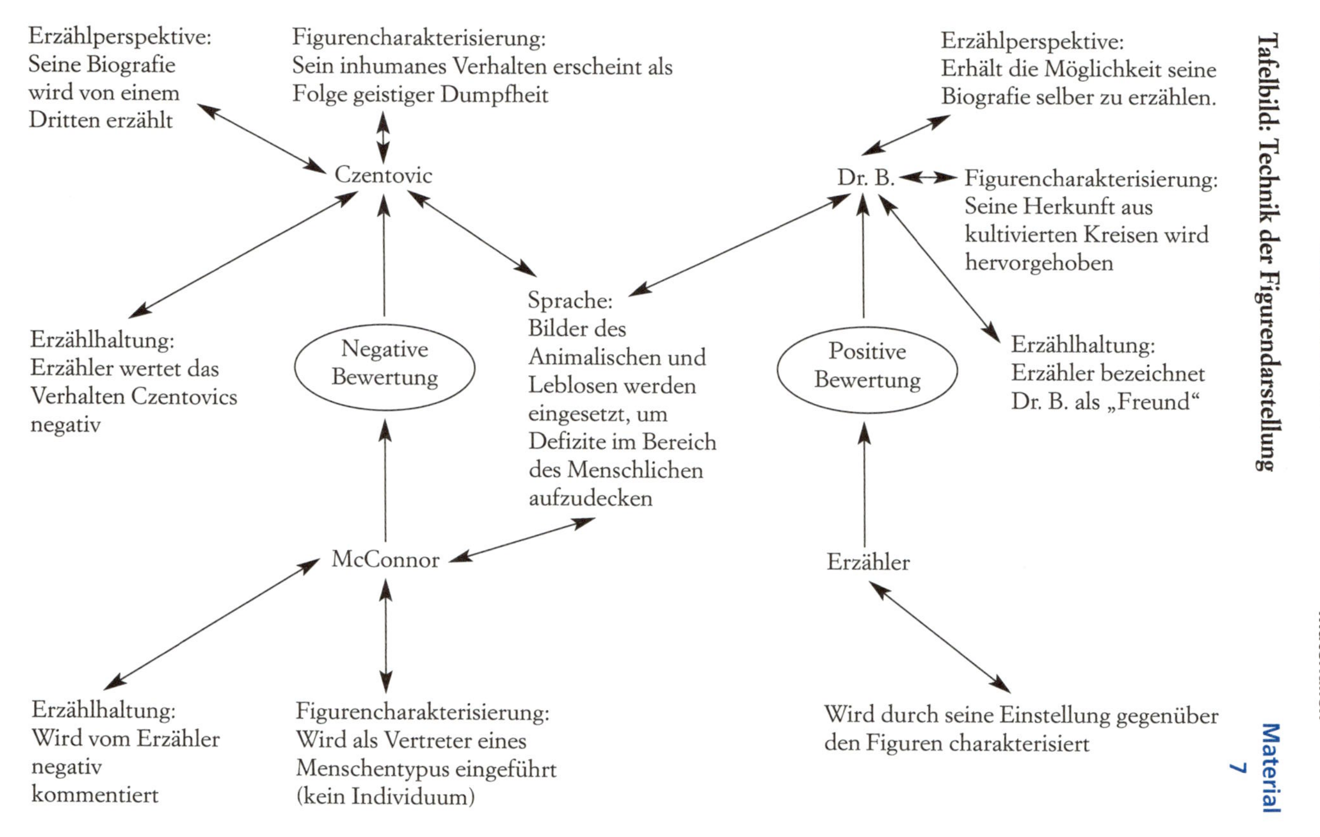

Material 8 Aspekte zeitgenössisch-politischer Interpretationen der SCHACHNOVELLE

Gruppe 1
So wie Czentovic überwunden werden kann, so wird eines Tages Hitler besiegt. Die Schachnovelle darf [...] als verzweifelter Ausdruck dieses letzten Wunsches Stefan Zweigs gelesen werden. (Brode 1999, 227)

Gruppe 2
Mit dem resignativen Schlussakkord will Zweig [...] auf die Gefährdung der abendländischen Kultur durch die faschistische Gewaltpraxis hindeuten. Im Schicksal des exilierten, ehemaligen Gestapohäftlings leuchtet schlaglichtartig ein größeres Schicksal auf, unter dem zur Entstehungszeit der Schachnovelle Millionen von Verfolgten in den Konzentrationslagern des Hitlerregimes zu leiden gezwungen waren. (Kluge 1984, 8477)

Gruppe 3
Zu einer Aufarbeitung des Faschismus hat die Schachnovelle *sehr wenig* beigetragen. (Hobek 1998, 43)
Die Schachnovelle ist primär eine Charakterstudie. Die Handlung könnte in jeder historischen Epoche angesiedelt werden, ohne dass die Wirkung der Erzählung schaden litte. (Daviau/Dunkle 1973, 373)

Gruppe 4
Aufschlussreich ist [...] auch Stefan Zweigs Vergleich Czentovics mit historischen Gestalten, einmal mit Napoleons russischem Gegner, „dem schwerfälligen Kutusow“, und dann mit dem vorsichtigen, [...] Fabius Cunctator, [...]. Niemand wird behaupten, dass es sich hier um präfaschistische Figuren handele; sie sind vielmehr Beispiele einer allgemein menschlichen Typologie, zu der auch Czentovic gehört. (Sørensen 1996, 261)

Arbeitsaufträge:
a) Gebt die Aussage eures Auszuges in eigenen Worten wieder!
b) Überprüft sie unter Zuhilfenahme der Novelle, eures Wissens bezüglich des historischen Hintergrundes und eurer Kenntnis der erarbeiteten Interpretationsaspekte aus der Reihe auf ihre Stimmigkeit! Stellt die Ergebnisse im Plenum vor!

Selbstaussagen Stefan Zweigs

Material 9

29.09.1941 Brief an die erste Ehefrau Friderike
[…] habe eine kleine Schachnovelle entworfen, angeregt dadurch, dass ich mir für die Abgeschiedenheit ein Schachbuch gekauft habe und täglich die Partien der großen Meister nachspiele. (Friderike Zweig; Unrast der Liebe, 278)

Undatiert (vermutlich Januar 1942) an Richard Friedenthal
Aber Sie werden es begreifen: da ist etwas, was meinen „élan" beim Schreiben beeinträchtigt. Mir fehlt die Erwartung der Leserschaft, mir fehlt ein Verleger, der früher mich stimulierte, oder die Buchhändler, die mich alle fragten: „und wann kommt Ihr nächstes Buch?" Darin war eine angesammelte Energie […]. (Briefe an Freunde, 340)

20.01.1942 Brief an Friderike Zweig
Und hier ist keine Aussicht mehr: wir sind hermetisch abgeschlossen für Gott weiß wie lange. (Briefe an Freunde, 344)

30.01.1942 Brief an Berthold Viertel
Aber alles, was ich tue, geschieht ohne „pep" – ich arbeite nur, um nicht melancholisch oder irrsinnig zu werden. […] Meine persönliche Existenz ist so einsam und anonym wie nur denkbar. […] Und lieber Freund bedenken Sie, dass ich nicht lebe wie Sie, mit der Nahrung von Gesprächen und freundschaftlichen Diskussionen. […] Was uns fehlt, sind Bücher, Freunde unseres geistigen Kalibers, ein Konzert und der Kontakt mit den Ereignissen der Literatur. (Briefe an Freunde, 345 ff.)

22.02.1942 Brief an Friderike
[…] Petropolis gefiel mehr sehr gut, aber […] die Einsamkeit, die erst so beruhigend wirkte, fing an niederschlagend zu wirken […]. (Briefe an Freunde, 351)

Arbeitsaufträge:
Skizziert kurz Zweigs Gemütszustand im Exil.
Zu welcher der Novellenfiguren gibt es Parallelen? Worin bestehen die Gemeinsamkeiten? Sucht Belegstellen im Text.

5 Anhang

5.1 Literaturhinweise

Ausgabe

Stefan Zweig: SCHACHNOVELLE. Frankfurt/Main: Fischer Taschenbuch Verlag, 49. Aufl. 2002.

Briefwechsel

Eisele, Petra (Hrsg.): Friderike Zweig – Stefan Zweig: Unrast der Liebe – Ihr Leben und ihre Zeit im Spiegel ihres Briefwechsels. Bern und München: Scherz Verlag, 1981.

Friedenthal, Richard (Hrsg): Stefan Zweig: Briefe an Freunde. Frankfurt/Main: Fischer Taschenbuch Verlag, 1984.

Donald G. Daviau (Hrsg.): Stefan Zweig – Paul Zech: Briefe 1910–1942. Frankfurt/Main: Fischer Taschenbuch Verlag, 1986.

Aufsätze/Werke

Zweig, Stefan: Das Geheimnis des künstlerischen Schaffens. Frankfurt/Main: Fischer Taschenbuch Verlag, 1981.

Zweig, Stefan: Die Welt von Gestern. Erinnerungen eines Europäers. Stockholm: Bermann-Fischer, 1981.

Sekundärliteratur

Arendt, Hanna: Juden in der Welt von gestern. In: Weinzierl, S. 158–161.

Arens, Hanns (Hrsg): Der große Europäer Stefan Zweig. Frankfurt/Main: Fischer Taschenbuch Verlag, 1981.

Berlin, Jefrey, B.: Stefan Zweig an his American Publisher: Notes on an Unpublished Correspondence, with reference to SCHACHNOVELLE and Die Welt von Gestern. In: Deutsche Vierteljahresschrift für Literaturwissenschaft und Geistesgeschichte. Stuttgart: J.B. Metzlersche Verlagsbuchhandlung, 56. Jg., Heft 2/6, 1982, S. 259–276.

Brode, Hanspeter: Mirko Czentovic – Ein Hitlerportrait? Zur zeithistorischen Substanz von Stefan Zweigs SCHACHNOVELLE. In: Schwamborn 1999, S. 223–227.

Bruns, Edmund: Spielen und Überleben. Das Schachspiel in den Lagern und Ghettos der Nazis. In: DIZ- Nachrichten Heft 20 (1998),

(Dokumentations- und Informationszentrum Emslandlager) Papenburg, S. 49–57.
Daviau, Donald G./Dunkle, Harvey I.: Stefan Zweigs SCHACHNOVELLE. In: Monatshefte, Bd. 65, Wisconsin 1973, S. 370–384.
Feder, Ernst: Stefan Zweigs letzte Tage. In: Arens, S. 111–121.
Gelfert, Hans-Dieter (Hrsg.): Wie interpretiert man eine Novelle und eine Kurzgeschichte? Stuttgart: Philipp Reclam jun., 2000.
Habe, Hans: Ein guter Schriftsteller. In: Arens (Hrsg.) 1981.
Heyse, Paul: Einleitung zu „Deutscher Novellenschatz". In: Krämer, S. 38–46.
Hobek, Friedrich: Erläuterungen zu Stefan Zweig, SCHACHNOVELLE. Hollfeld: C. Bange Verlag, [3]1998.
Kluge, Manfred: SCHACHNOVELLE. In: Kindlers Literaturlexikon. Weinheim: Zweiburgen Verlag 1984, Bd. VI, S. 8477.
Krämer, Herbert (Hrsg.): Theorie der Novelle. Stuttgart: Philipp Reclam jun., 1999.
Landthaler, Bruno/Liss, Hanna: Der Konflikt des Bileam. Irreführungen in der SCHACHNOVELLE von Stefan Zweig. In: Zeitschrift für Germanistik. Neue Folge VI – 2/1996. Bern: Europäischer Verlag der Wissenschaften, 1996.
Langbehn, Regula Rohland de: Der feindliche Andere – Thema in SCHACHNOVELLE. In: Schwamborn 1999, S. 219–222.
Michels, Volker: Abstand macht hellsichtig. Von Europa nach Brasilien – Zur Aktualität Stefan Zweigs. In: Schwamborn 1999, S. 159–182.
Rötzer, Hans Gerd: Manz Großer Analysenband II. München: Manz Verlag, [2]1980, S. 243–265.
Schlegel, August Wilhelm: Über die Novelle („Vorlesungen über schöne Literatur und Kunst", III. Teil). In: Krämer, S. 18–23.
Schwamborn, Ingrid (Hrsg.): Die letzte Partie. Stefan Zweigs Leben und Werk in Brasilien (1932–1942). Bielefeld: Aisthesis Verlag, 1999.
Schwamborn, Ingrid: Schachmatt im brasilianischen Paradies: Die Entstehungsgeschichte der SCHACHNOVELLE. In: Germanisch-Romanische Monatsschrift, Bd. 34, 1984, Heft 4, S. 404–430.
Sørensen, Bengt Algot: Stefan Zweig: SCHACHNOVELLE. In: Interpretationen. Erzählungen des 20. Jahrhunderts. Band 1. Stuttgart: Philipp Reclam jun., 1996, S. 250–264.
Stanzel, Franz K.: Theorie des Erzählens. Göttingen: Vandenhoeck und Ruprecht, [6]1995.
Stern, Arthur: Stefan Zweig und sein Freitod. Eine psychologisch-psy-

chiatrische Betrachtung. Wien: 1968 (Archiv der internationalen Stefan-Zweig-Gesellschaft).
Spiel, Hilde: Ein Ruhm von Gestern. Zum 100. Geburtstag von Stefan Zweig. In: Weinzierl, S. 175–180.
Vocelka, Karl: Geschichte Österreichs. Kultur-Gesellschaft-Politik. München: Heyne Verlag, 2002.
Weinzierl, Ulrich (Hrsg.): Stefan Zweig – Triumph und Tragik. Aufsätze, Tagebuchnotizen, Briefe. Frankfurt/Main: Fischer Taschenbuch Verlag, 1992.
Zöllner, Erich: Geschichte Österreichs. Von den Anfängen bis zur Gegenwart. München: Oldenbourg, [8]1990.

Unterrichtsmaterialien

Boll, Andrea/Schachtmeyer, Christiane von (Hrsg.): Stefan Zweig – SCHACHNOVELLE. Kopiervorlagen. München: Oldenbourg Schulbuchverlag, 2002.

Filmografie

SCHACHNOVELLE. Regie: Gerd Oswald. Drehbuch: Herbert Reinecker, Harold Medford, Gerd Oswald. Mit: Curd Jürgens, Claire Blum, Hansjörg Felmy, Mario Adorf, Dietmar Schönherr. BRD 1960 s/w. Dauer ca. 103 Min.
Stefan Zweig – Ein Europäer. Salzburg: ORF 1994
Stefan Zweig – Der inszenierte Tod. Rio de Janeiro: Goethe Institut/ 3Sat 1995

5.2 Zeittafel zum historischen Geschehen und zu Stefan Zweig

1881	Stefan Zweig wird am 28.11. in Wien geboren.
1900	Beginn des Studiums der Philosophie und Literaturgeschichte in Wien.
1901	Erste Buchveröffentlichung in Berlin SILBERNE SAITEN.
1904	Abschluss des Studiums mit einer Dissertation.
1907	Übersiedlung in die erste eigene Wohnung in Wien.
1912	Erste Bekanntschaft mit Friderike Maria von Winternitz (seine spätere Frau).
1914	28.06. Ermordung des österreichischen Thronfolgers und seiner Gemahlin in Sarajewo. 28.07. Kriegserklärung Österreich-Ungarns an Serbien. 31.07. Generalmobilmachung in Österreich.
1916	Übersiedlung mit Friderike nach Kalksburg bei Rodaun.
1918	Übersiedlung mit Friderike nach Rüschlikon am Züricher See. 11.11. Waffenstillstand.
1919	Rückkehr nach Österreich und Übersiedlung in das Haus am Kapuzinerberg in Salzburg.
1920	Eheschließung mit Friderike. Ein erfolgreiches Jahr des Schriftstellers Zweig. Der Erfolg hält in den kommenden Jahren an.
1933	Januar: Machtübernahme Hitlers in Deutschland. 10.05. Bücherverbrennungen (auch Zweigs Bücher werden öffentlich verbrannt). Ab 20.10. längerer Aufenthalt in London.
1934	Kämpfe in Wien zwischen Heimwehr und Sozialisten. Ermordung Dollfuß'. Durchsuchung des Hauses Zweigs in Salzburg nach Waffen. Zweig siedelt nach London über. Friderike bleibt im Salzburger Haus. Elisabeth Charlotte (Lotte) Altmann wird seine Sekretärin. Später seine zweite Frau.
1936	Erste Reise nach Brasilien.
1937	Verkauf des Hauses in Salzburg und Trennung von Friderike.
1938	Scheidung von Friderike. 11.3. Machtübernahme der Nationalsozialisten in Österreich. Beantragung der britischen Staatsbürgerschaft.

1939	1.9. Beginn des Zweiten Weltkriegs. 3.9. Großbritannien und Frankreich erklären Deutschland den Krieg. Heirat mit Lotte Altmann.
1940	17.6. erhält das Ehepaar Zweig ein Touristenvisum, dass ein halbes Jahr Gültigkeit hat. Ende Juni Schiffsreise nach Brasilien von New York aus. 5.11. beide erhalten das Daueraufenthaltsvisum für Brasilien. Im Dezember Rückkehr nach New York.
1940–41	Luftkrieg um England.
1941	Im Sommer mieten Zweigs eine Wohnung in Ossining (N.Y.). Im August 1941 geben die USA ihre Neutralität auf. Lotte und Stefan Zweig verlassen im August Amerika und siedeln nach Brasilien über. Das Haus in Petropolis wird gemietet. Beginn mit der Arbeit an der SCHACHNOVELLE.
1942	Ende Januar: Abschluss der SCHACHNOVELLE. 15.02. Einnahme des britischen Stützpunktes Singapur durch die Japaner. Zweigs verbringen die Karnevalstage in Rio de Janeiro. Karnevalsdienstag (17.02.) liest Zweig von dem Angriff auf Singapur und verlässt Rio. Am 18.02. schreibt er seinen ersten Abschiedsbrief. 21.02. Zweig sendet drei Typoskripte der SCHACHNOVELLE ab. 23.02. Freitod von Stefan und Lotte Zweig. Im Dezember erscheint die erste deutsche Ausgabe der SCHACHNOVELLE.